Fantastisch kochen – leicht gemacht

75 cl
bulthaup

C. P. Fischer
Mechthild Piepenbrock
Barbara Rias-Bucher

Fantastisch kochen leicht gemacht

Das Super-Bildkochbuch.
Jedes Rezept in Farbe –
Schritt für Schritt.

Gräfe und Unzer

Ein Wort zuvor

FANTASTISCH KOCHEN – LEICHT GEMACHT: Das ist die Idee dieses neuartigen Bildkochbuchs. Es richtet sich an alle, die gerne gut essen und darüber hinaus den Wunsch haben, auch selbst wirklich gut kochen zu können. Wenn Sie zu diesen »Feinschmeckern« gehören, ist dies Kochbuch für Sie das richtige.
Der Wunsch, nicht nur gut, sondern sehr gut kochen zu können, läßt sich nicht immer so ohne weiteres realisieren. Häufig verfügt man nicht über alle nötigen Grundkenntnisse oder man beherrscht komplizierte Arbeitstechniken einfach nicht sicher genug. Um seine Kochkünste zu vervollkommnen, braucht man in solch einem Fall umfassenden und fachkundigen Rat. Und diesen gibt Ihnen unser Buch; es beweist, wie leicht es sein kann, fantastisch zu kochen, wenn man alle wichtigen Techniken anschaulich vor sich hat und die Zubereitung wirklich ganz genau beschrieben findet.
Dieses neue Buch hat sich zum Ziel gesetzt, Rezepte optimal gründlich und leicht verständlich darzustellen. Es begleitet Sie mit Text und Bild Schritt für Schritt beim kochen. Keine Frage soll offenbleiben. Darum zeigen wir Ihnen ganz genau, wie alles richtig gemacht wird. In diesem Sinn entstanden die detaillierten Schritt für Schritt Bildfolgen, welche die schwierigsten Arbeitsgänge im Bild zeigen. Die Fotos vermitteln dem Geübten ein Mehr an Sicherheit, und auch der Kochneuling kann zu hervorragenden Ergebnissen kommen, wenn er sich nur exakt nach unseren Angaben richtet. Sie zeigen zum Beispiel das fachgerechte Marinieren eines großen Bratens, das Aufschlagen einer Creme im Wasserbad, die Herstellung eines lockeren Biskuits. Mit guten und genauen Arbeitsfotos wird das geschriebene Wort enorm verdeutlicht und unterstützt. Text und Bild gemeinsam vermitteln etwas von dem, was man das Fingerspitzengefühl nennt für die Konsistenz einer Sauce etwa oder eines Teiges, dafür, wann ein Braten »auf den Punkt« gegart ist oder Klöße »gut« sind.
Aber auch kleinere Handgriffe, die für den Kocherfolg so wichtig sind, werden präzise in Bildern dargestellt: So ist deutlich zu sehen, wie man Tomaten schnell und einfach enthäutet und entkernt, Paprikaschoten richtig putzt, Geflügel vorbereitet und dressiert. Das jeweilige köstliche Endergebnis sehen Sie in großen, brillanten Farbfotos – schon optisch ein Genuß. Hinzu kommt der ausführliche Text, in dem auch erfahrene Köche und Köchinnen Tips und Kniffe finden, wie Bekanntes viel einfacher in den Griff zu bekommen ist. Sie finden alle schwierigen Arbeitsgänge besonders deutlich erklärt und dazu auch die Begründung, warum bestimmte Dinge so und nicht anders gemacht werden. Schließlich befriedigt es mehr, die Vorgänge im Ablauf zu begreifen, als nur nach bestimmten Anleitungen zu arbeiten, die man zwar befolgt, deren Sinn und Zweck man aber nicht immer durchschauen kann.

Aufgebaut haben wir dieses Buch nach der klassischen Menüfolge. So finden Sie Kapitel für Suppen und Eintöpfe, Salate und Vorspeisen, Fisch-, Fleisch-, Geflügel- und Wildgerichte. Dann geht es weiter mit den besten Rezepten für Eier, für Gemüse und für Beilagen. Und nicht zuletzt ist ein umfangreicher Abschnitt den süßen Desserts gewidmet, die ja für alle Feinschmecker inzwischen wieder einen größeren Stellenwert bekommen haben. Denn eine feine Nachspeise ist und bleibt der beste Abschluß für ein gelungenes Menü.
Unter den Rezepten finden Sie die köstlichsten Gerichte der guten neuen Küche, die bekanntlich auch wieder viel Vertrautes in optimaler Form gestaltet. So werden Sie auf zahlreiche bekannte Lieblingsgerichte stoßen. Wir zeigen Ihnen, wie eine wirklich gute Markklößchensuppe oder ein Pichelsteiner Fleisch gemacht wird, wie der Schweinebraten garantiert knusprig wird und saftig bleibt, wie Hackbraten und Kalbsschmorbraten ohne großen Aufwand raffinierter schmecken. Oder nehmen wir als Beispiel Geflügel, das sich bei uns ja ausgesprochen großer Beliebtheit erfreut. Sicher haben Sie schon einmal ein Curry-Huhn gegessen oder sogar zubereitet, aber mit einer selbstgemachten Currymischung haben Sie es vermutlich noch nicht gekocht. Der kleine Mehraufwand lohnt sich, das Ergebnis ist der Mühe wert. Die einzelnen Gewürze dafür können Sie bei uns heute in jedem gut sortierten Supermarkt, in den Feinkostabteilungen der Warenhäuser und im Reformhaus kaufen.

Bestimmt kennen Sie auch einen Kartoffelgratin, aber bereiten Sie ihn einmal mit Lauch zu – er schmeckt dann einfach viel besser. Probieren Sie aber auch einen Gratin von Kohlrabi, von Fenchel oder von Äpfeln (letzterer ist eine hervorragende Beilage zu Schweinekoteletts und Wild)! Diese Rezepte finden Sie im Anschluß an den Kartoffel-Lauch-Gratin. Aus Platzgründen wurden diese Varianten in kurzer Form beschrieben, doch sind ihre Zubereitungen der des Kartoffel-Lauch-Gratins so ähnlich, daß es auch keiner ausführlichen Erklärung mehr bedarf.
Ähnlich ist es mit Rouladen, die bei uns bekannterweise sehr gerne gegessen werden. Neben der klassischen Form, deren Füllung aus Zwiebeln, Speck und Essiggurken besteht, bieten wir Ihnen noch eine ungewöhnlichere aus Schafkäse, Pistazien und Korinthen. Außerdem die »Kalbsvögerl« genannten Rouladen, die aus Kalbfleisch gemacht und mit hartgekochten Eiern gefüllt werden. Mit diesem Buch können Sie also nach einer Zubereitungsart völlig problemlos weitere Gerichte auf den Tisch bringen und sich auf diese Weise ein abwechslungsreiches Repertoire an hervorragenden Rezepten zulegen. Nach dem ersten Ausprobieren macht es einfach Spaß, nach beispielsweise dem klassischen Rezept für Spätzle Varianten in Form von Spinat-, Kräuter- oder Leberspätzle zuzubereiten.

Wir haben aber auch an alle gedacht, die gerne Gerichte nachkochen möchten, die sie auf Urlaubsreisen in Italien, Frankreich oder Griechenland oder in Spezialitätenrestaurants bei uns kennengelernt haben.
Unter anderen finden Sie Rezepte für Lasagne al forno, Saltimbocca alla romana oder den köstlichen französischen Gemüseeintopf Ratatouille. Diese Reihe ließe sich beliebig lang fortsetzen, aber den besten Überblick bekommen Sie beim Durchblättern und Lesen des Buches und beim Nachkochen der Rezepte.
Bei den Zutaten haben wir uns auf solche beschränkt, die Sie wirklich in jedem guten Lebensmittelgeschäft, bei Ihrem Metzger, Fisch- oder Gemüsehändler kaufen können. Die Rezepte enthalten also Alltägliches und Bekanntes, wenn auch oft in neuem, vielleicht überraschendem Gewand. Und noch etwas war uns wichtig, nämlich der Beweis, daß es nicht unbedingt teuer sein muß, fantastisch zu kochen. Schon beim Durchblättern des Buches werden Sie feststellen, daß die Zutaten für die meisten Rezepte nicht viel kosten, und trotzdem werden die Gerichte alle Feinschmecker in Begeisterung versetzen.
Und da alle Feinschmecker nicht nur gerne gut essen, sondern auch gerne über das Essen reden, haben wir interessante Informationen – mal über die Zutaten, mal über die Herkunft und auch einmal über die Besonderheiten der Zubereitung – für Sie zusammengetragen und den Rezepten vorangestellt.

Wir möchten Sie aber auch noch auf einige zusätzliche Dinge aufmerksam machen. So finden Sie am Schluß der Rezepte Hinweise darauf, was zum jeweiligen Gericht am besten paßt. Bei den Beilagen ist entsprechend vermerkt, wozu diese Speisen am besten schmecken. Für alle Rezepte nennen wir die genaue Joule-/Kalorienzahl, sowie selbstverständlich auch die Zubereitungszeiten, damit Sie vernünftig planen können. Besonders lange Wartezeiten (beispielsweise zum Marinieren oder Durchziehen) werden gesondert angegeben, damit Sie in dieser Zeit andere Dinge erledigen können. Ergänzt wird der Rezeptteil durch ein umfassendes Rezept- und Stichwortverzeichnis, in dem Sie jede einzelne Kochtechnik nachschlagen und auf Anhieb finden können – wie etwa Zwiebeln würfeln oder Kräuter zerpflücken und hacken.
Die Menüzusammenstellungen am Ende des Buches helfen Ihnen, Ihre Familie und Ihre Gäste zu jeder Gelegenheit richtig zu bewirten. So finden Sie Vorschläge für deftige Hausmannskost ebenso wie für leichte sommerliche, für preiswerte oder für besonders festliche Menüs. Die Hinweise auf die Zubereitungszeiten sind sicher eine große Hilfe, denn sie ermöglichen es Ihnen, ein Essen zusammenzustellen, das Sie gut vorbereiten und ohne Zeitdruck kochen können.

Unser Buch bietet Ihnen darüber hinaus noch ein hohes Maß an Sicherheit. Es war für uns selbstverständlich, jedes einzelne Rezept genau zu erarbeiten. Das geschah unter anderem aufgrund von ausführlichen Gesprächen mit Köchen und Hausfrauen, mit Menschen, die gerne kochen, und solchen, die gerne gut essen, aber noch nicht kochen können. Außerdem stellten wir Vergleiche zwischen klassischen und modernen Zubereitungsarten an, analysierten die Beliebtheit der verschiedenen Gerichte und Spezialitäten und taten natürlich auch einen Blick in fremde Kochtöpfe. Ebenso selbstverständlich war es für uns, die Rezepte nicht nur selbst zu testen, sondern sie auch von Profis und von noch unerfahrenen Anfängern testen zu lassen, bis wir das Ergebnis rundum zufriedenstellend fanden.
All das hat nun Niederschlag gefunden in diesem perfekten Ratgeber, der wie gutes Handwerkszeug an den Arbeitsplatz in der Küche gehört, damit man ihn jederzeit zur Hand hat.

FANTASTISCH KOCHEN – LEICHT GEMACHT hat Ihnen schließlich – als erstes Bildkochbuch überhaupt – noch etwas Besonderes zu bieten: die Möglichkeit der Ergänzung durch einen Video-Film mit 60 Minuten Spieldauer. Er zeigt die komplette Zubereitung der Gerichte aus dem Buch, die dort mit diesem Symbol gekennzeichnet sind. Wer bequem und ganz genau auf dem Fernsehschirm sehen will, wie eine Lammkeule vorbereitet, gebraten und tranchiert, wie eine Poularde gefüllt und geschmort wird oder wie eine Mousse au chocolat entsteht, für den ist der Film genau das richtige. Denn die Anschaulichkeit, mit der das Entstehen eines Gerichtes im Film dargestellt werden kann, ist natürlich optimal. Schwierige Arbeitsabläufe können Sie sich so oft und so lange aus nächster Nähe ansehen, bis Sie das Gefühl haben, Sie hätten alles tatsächlich schon einmal selbst gemacht. Derartig bereichert, kehren Sie zurück zu Ihrem Buch in die Küche, um Ihr neues Wissen am Herd zu erproben und zu vertiefen.
Wir wünschen Ihnen mit diesem neuen Werk viel Freude vor allem beim Kochen. Am guten Gelingen und dem Erfolg bei Ihrer Familie und Ihren Gästen zweifeln wir nicht.

Ihre
C. P. Fischer
Mechthild Piepenbrock
Barbara Rias-Bucher

Inhalt

Die mit diesem Symbol gekennzeichneten Rezepte werden in dem ergänzenden Video-Film FANTASTISCH KOCHEN – LEICHT GEMACHT ausführlich gezeigt. Wenn Sie die Kassette noch nicht besitzen, können Sie diese mit der beiliegenden Karte bestellen.

Kleine Gerätekunde

Wer gerne gut essen und vor allen Dingen selbst gut kochen will, der braucht unbedingt die richtigen Geräte. Diese auszuwählen, ist in Anbetracht des riesigen Angebotes nicht ganz einfach, denn nicht alles, was schön und teuer ist, hält in der Küche, was Preis und Werbung erwarten lassen. Darum möchten wir Ihnen an dieser Stelle ein paar Hinweise zum vernünftigen Einkauf von guten Küchengeräten geben.

Beginnen wir gleich mit einem »teuren« Kapitel, mit den Töpfen. Hochwertige Töpfe bestehen aus gut wärmeleitenden Materialien, sind schwer und außerdem pflegeleicht. Die edelsten (und teuersten) unter diesen sind die Kupfertöpfe, mit denen auch Berufsköche am liebsten arbeiten. Kupfer ist nun einmal der beste Wärmeleiter, das heißt, die Hitze wird sehr schnell und damit gezielt an die Speisen weitergegeben, wodurch kurze und gleichmäßige Garvorgänge ermöglicht werden.

Da diese Töpfe leider auch recht kostspielig sind, lohnt es sich in jedem Fall, sie vor dem Kauf gründlich zu überprüfen. Ganz wichtig: Boden und Wände von guten Kupfertöpfen sind gleich stark. Sind die Außenwände zu dünn, verbrennen hier durch die hochstrahlende Hitze die Oberflächenränder und die Speisereste am Rand, und ein Gericht kann trotz sorgfältigster Zubereitung angebrannt schmecken. Achten Sie darauf ganz besonders, wenn Kupfertöpfe zu sensationellen Minipreisen angeboten werden. In diesem Zusammenhang möchten wir noch auf etwas (hoffentlich!) Selbstverständliches hinweisen: Prüfen Sie bei Billigangeboten, ob die Kupfertöpfe innen verzinnt sind. Nur dann dürfen Sie in diesen Nahrungsmittel zubereiten, andernfalls können Sie sie lediglich als Dekorationsgegenstand benutzen.

Am besten kaufen Sie diese Geräte darum im Fachhandel, er schützt Sie vor solchen Fehlgriffen. Außerdem können Sie sich hier darauf verlassen, hochwertiges Material in sauberer Verarbeitung (sichere, hitzeabweisende Henkel, passende Deckel) zu bekommen. Die guten Stücke müssen auch entsprechend gepflegt werden. Arbeiten Sie nur mit Holzlöffeln und -spateln in verzinnten Kupfertöpfen und reinigen Sie diese auch nicht mit Topfputzern. Am besten geben Sie in den leeren, aber noch warmen Topf Wasser mit etwas Geschirrspüler, lassen die Reste weichen und spülen diesen dann wie Tafelgeschirr. In hartnäckigen Fällen kocht man die Reste einmal mit Wasser auf.

Gehen wir weiter zu pflegeleichteren, ebenfalls erstklassigen Töpfen aus Edelstahl. Im Vergleich zu den Kupfertöpfen bieten sie in den meisten Fällen gleich gute Ergebnisse, sie können das Material Kupfer sogar übertrumpfen: Zum Beispiel behalten grüne Gemüse oder frische Nudeln im Edelstahltopf besser ihre natürliche Farbe. Voraussetzung für Spitzenergebnisse sind natürlich auch hier beste Materialien und hochwertige Verarbeitung. Dazu gehören dicke Böden (mit Kupfer und Aluminiumkern), ebenfalls dicke Außenwände, passende Deckel und sichere Henkel. Plan geschliffene Böden sind heute bei fast allen Edelstahltöpfen selbstverständlich. Für einige Edelstahltöpfe wird zusätzlich ein Gittereinsatz mitgeliefert, der das Garen im heißen Dampf ermöglicht.

Auch Edelstahltöpfe sollten Sie nur mit fettlösenden Mitteln reinigen, die die Oberfläche nicht angreifen.

Ausgezeichnete Gebrauchseigenschaften bieten auch emaillierte gußeiserne Töpfe, denn dieses Metall ist ein guter Wärmeleiter. Sie können auf und im Herd verwendet werden, sind pflegeleicht und passen auf jede Plattengröße, da die Rundumwärmespeicherung die Hitze gleichmäßig verteilt. Auch gußeiserne Töpfe müssen einen glatten, planliegenden Boden und gut schließende Deckel haben. Durch ihre Emaillebeschichtung sind sie leicht zu pflegen, doch sollte auch hier darauf geachtet werden, daß man diese (allerdings sehr widerstandsfähige) Schicht nicht zerstört.

Aluminium ist ein sehr guter, extrem schneller Wärmeleiter, die Speisen werden schnell heiß. Diese Töpfe bieten sich überall dort an, wo große Mengen gekocht werden sollen, da das Eigengewicht der Töpfe nicht so groß ist. Aber ein schwerer Boden ist immer wichtig.

Hinzu kommen noch Töpfe und Formen aus Glas, Ton, Steingut und ähnlichen Materialien, die mit wenigen Ausnahmen (zum Beispiel Glas) nur im Backofen zu verwenden sind. Daß die Glasierung dieser Geschirre immer bleifrei sein muß, ist wohl hinreichend bekannt.

Außer Töpfen braucht man natürlich noch Pfannen, die in reicher Auswahl angeboten werden. Auch hier sind die schweren Materialien in jedem Fall die besten: Kupfer, Edelstahl, Eisen oder Gußeisen erhitzen sich schnell und stark genug, damit sich die Poren des Fleisches sofort schließen können. Außerdem bleibt ihr Boden immer plan. Zu leichte Pfannen verziehen sich häufig, wodurch das Bratgut nicht mit seiner ganzen Fläche aufliegt

und folglich auch nicht gleichmäßig garen kann. Beschichtete Pfannen sind für alle Gerichte geeignet, die entweder fettarm gegart werden sollen oder keine hohen Temperaturen vertragen.
Ganz besonders praktisch sind Kasserollen, die Töpfe mit Stiel. Sie bestehen fast immer aus Kupfer oder Edelstahl und werden mit senkrechtem oder schrägem Rand, mit oder ohne Deckel angeboten. Man kann darin kochen, braten, schmoren und sautieren; hierzu eignen sich die Kasserollen mit schrägem Rand am besten, da sich die Hitze darin auch über die Seiten verteilt und man das Gargut ständig am Boden und Rand bewegen kann. Der Stiel ermöglicht ein leichtes Ausgießen der Gerichte – besonders wichtig bei Saucen und Fonds.

Die zweite, ebenso wichtige Voraussetzung für gutes Kochen sind erstklassige Messer. Auch wenn diese sehr teuer sind, sollten Sie hier in keinem Fall sparen. Gute Messer müssen richtig in der Hand liegen. Das können sie jedoch nur, wenn der Griff nicht zu schmal ist und die Proportion von Griff zu Klinge stimmt. Auch das Gewicht eines Messers spielt eine entscheidende Rolle. Zu leichte Messer liegen nicht sicher in der Hand und weisen meist auf minderwertigen Stahl hin. Dieser muß hochwertig und unterschiedlich elastisch sein. Das bedeutet, daß ein Hackmesser eine sehr feste, stabile Klinge haben muß, ein Filier- oder Fischmesser jedoch flexibel sein sollte. Um Messer zu schärfen verwendet man einen Wetzstahl, an dem die Messerklinge immer wieder – am besten vor jedem Arbeitsbeginn – abgezogen wird. Messer werden immer von Hand unter heißem Wasser abgewaschen, niemals in der Spülmaschine. Als Unterlage beim Schneiden verwendet man grundsätzlich ein Brett, kein Metall. Es muß stabil genug sein, um darauf auch etwas zerhacken zu können. Nach jeder Arbeit wird es mit Bürste und Spülmittel unter heißem Wasser abgeschrubbt und zum Trocknen senkrecht gestellt, damit es sich nicht verziehen kann.
Ferner brauchen Sie noch Palette und Fleischgabel zum Wenden der Bratenstükke, wobei die Gabel immer mehr zum Halten als zum Aufspießen benutzt wird. Wer in die angebratenen Fleischfasern sticht, läßt damit den Saft herausfließen.
Natürlich dürfen auch Kochlöffel nicht fehlen, wobei Sie zwischen Holz und Plastik wählen können. Als besonders praktisch haben sich die flachen Kochlöffel aus Holz erwiesen.
Mindestens 2 Schneebesen sollten Sie in Ihrer Küche haben. Einen weichen, leichten und relativ großen brauchen Sie zum luftigen Schlagen von Creme zum Beispiel, einen festen, relativ schweren dagegen zum Unterheben von Zutaten. Beide sollten aus Edelstahl sein; dieses Material ist rostfrei, hygienisch und verfärbt die Speisen nicht.
Aus Edelstahl sollten auch Schöpfkellen und Seihlöffel sein, damit sie mühelos zu reinigen sind und keine Aromen annehmen. Gute Geräte sind aus einem Stück gemacht und haben weder Niet- noch Schweißstellen.

Außer dem üblichen Küchengeschirr benötigen Sie natürlich auch noch Schüsseln und Siebe. Ist alles aus Edelstahl, dann setzen sich keine Aromen fest, die auf andere Speisen übertragen werden könnten. Der relativ hohe Preis macht sich durch die lange Lebensdauer und die vielseitige Verwendbarkeit unbedingt bezahlt.

Ganz besonders nützlich ist das Spitzsieb, denn es bietet in der Tat viele Vorteile: Beim Durchsieben oder Passieren läuft die Masse immer exakt dahin, wo Sie diese auch haben wollen. Sie können also auch Fonds aus einer großen Pfanne in ein kleines Töpfchen abseihen. Außerdem lassen sich im Spitzsieb aus Edelstahl auch Gemüsereste und ähnliches ausdrücken, ohne daß es sich verbiegt.
Zum Schluß lassen Sie uns noch die »Klein-Werkzeuge« erwähnen, wie zum Beispiel Kugelausstecher, Ziselierer, Apfelausstecher, Sparschäler und Buntmesser. Mit dem Kugelausstecher kann man Karotten, Sellerie oder Kartoffeln ausstechen. Das sieht sehr schön aus und gibt durch die vergrößerte Oberfläche mehr Geschmack. Zitrusfrüchte, mit einem Ziseliermesser eingekerbt oder in Scheiben geschnitten, eignen sich gut zum Garnieren von kalten Platten zum Beispiel. Diese »Messer« gehören zwar nicht unbedingt zur Grundausstattung einer Küche, aber wenn man einmal mit ihnen gearbeitet hat, möchte man nicht mehr auf sie verzichten.

Markklößchensuppe

Darf stets nur sieden und niemals sprudelnd kochen

Für 4 Personen brauchen Sie:
500 g Rindfleisch zum Kochen (Zungenstück, Fehlrippe oder Hochrippe
2 große Markknochen (müssen 50 g Mark ergeben)
1½ l kaltes Wasser · 1 Zwiebel
8 schwarze Pfefferkörner · 2 Gewürznelken
1 Knoblauchzehe · ½ Lorbeerblatt
1 Bund Suppengrün
1 kleine Petersilienwurzel
1 Bund Petersilie · 2–3 Thymianzweige
1 Tomate · Salz · 10 g Butter · 1 Ei
1 Eigelb · 60–70 g Semmelbrösel
Muskatnuß, frisch gerieben

Etwa 1560 Joule/360 Kalorien pro Person
Zubereitungszeit: etwa 4 Stunden
Zeit zum Abkühlen: etwa 2 Stunden

Das Rindfleisch abspülen – es ist nicht nötig, es trockenzutupfen – und in einen großen Topf legen.

• Das Mark aus den Knochen lösen und in kaltem Wasser ruhen lassen, bis es für die Markklößchen gebraucht wird. Die Knochen ebenfalls abspülen, zum Fleisch geben und so viel kaltes Wasser angießen, bis alles gerade bedeckt ist. Bei schwacher Hitze ohne Deckel zum Kochen bringen.
• Die ungeschälte Zwiebel halbieren, eine Pfanne ohne Fett auf dem Herd stark erhitzen und die Zwiebelhälften mit den Schnittflächen nach unten hineinlegen. Sehr stark bräunen lassen; diese Röststoffe geben der Suppe später die goldgelbe Farbe.
• Die Zwiebelhälften mit den Pfefferkörnern, den Nelken, der geschälten Knoblauchzehe und dem Lorbeerblatt in die Brühe geben und diese etwa 2 Stunden im offenen Topf leise sieden lassen. Dabei, wenn nötig, von Zeit zu Zeit etwas Wasser nachgießen. Die Suppe darf immer nur sieden, das heißt, daß stets nur kleine Perlchen an die Oberfläche steigen dürfen.
• Den Schaum, der sich in der ersten Zeit recht stark bildet, können Sie hin und wieder abnehmen, doch ist es nicht unbedingt nötig, denn er sammelt sich zum Schluß am Boden des Topfes.
• Indessen das Suppengrün putzen und waschen, die Petersilienwurzel schaben oder dünn schälen, die Petersilie und den Thymian abspülen und trockenschwenken.

• Das Suppengrün mit der Petersilienwurzel, etwa einem Viertel der Petersilie und dem Thymian zusammenbinden und zusammen mit der gewaschenen und grob zerschnittenen Tomate in den Topf geben. Eine weitere Stunde im offenen Topf sieden lassen.
• Das Fleisch nach Ende der Garzeit herausnehmen und abkühlen lassen (es kann noch für Ragouts verwendet werden).

• Ein Spitzsieb mit einem Mulltuch auslegen und die Brühe hindurchgießen, um auf diese Weise sämtliche Trübstoffe, die Gewürze und verkochtes Gemüse zu entfernen.
• Die Brühe nun abkühlen lassen, damit man später das erstarrte Fett von der Oberfläche abnehmen kann.
• Während die Brühe abkühlt, die Markklößchen zubereiten. Dazu das Mark trokkentupfen, feinwürfeln und bei sehr schwacher Hitze in einem Pfännchen auslassen. Das Fett samt den Markstückchen durch ein feines Sieb gießen und die Stückchen dabei ein wenig ausdrücken. Das Mark abkühlen lassen.
• Die übrige Petersilie sehr fein hacken.
• Die Butter zum Mark geben und beides schaumig rühren, dabei das Ei zusammen mit dem Eigelb zufügen und, wenn die Masse erneut schaumig ist, die Semmelbrösel zufügen.

• Den Teig mit Salz, Muskat und etwa 1 Eßlöffel der gehackten Petersilie würzen und 30 Minuten ruhen lassen.

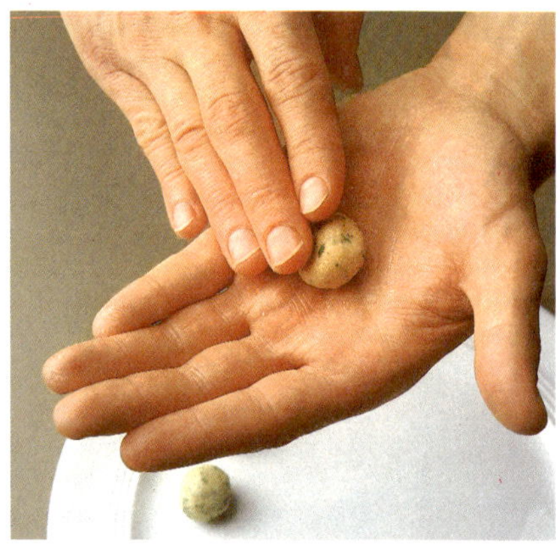

• Danach aus dem Teig etwa haselnußgroße Mengen abstechen und zwischen den Handflächen Klößchen formen. Die Oberflächen sollen schön glatt und ohne Risse sein, denn sonst fallen die Klößchen beim Garen leicht auseinander.
• Etwas von der abgekühlten Brühe abnehmen und in einem Topf zum Kochen bringen. Die Klößchen hineinlegen und in etwa 20 Minuten bei schwacher Hitze garziehen lassen. Der Deckel sollte dabei nur halb aufgelegt werden; die Brühe darf nicht sprudelnd kochen.
• Das erstarrte Fett von der Brühe abnehmen und diese nochmal kräftig erhitzen. Mit Salz abschmecken und mit der restlichen Petersilie mischen.
• Die Suppe anrichten und die Klößchen hineinlegen. Möglichst heiß servieren.

Eine richtig gute Suppe ist für viele Feinschmecker das Wichtigste an der ganzen Mahlzeit. Darum kochen sie auch häufig eine größere Menge, um sie, portionsweise eingefroren, stets griffbereit zu haben. Dieses Rezept können Sie als Grundlage für alle weiteren Brühen verwenden. Für eine Hühnerbrühe beispielsweise nehmen Sie ein großes Suppenhuhn (etwa 1,8 kg) und ersetzen den schwarzen Pfeffer durch weißen. Natürlich können Sie auch eine Brühe nur aus Knochen zubereiten: Nehmen Sie statt des Fleisches etwa 750 g Fleisch- oder Suppenknochen, die Sie vor dem Aufsetzen aber kurz blanchieren sollten, damit die Brühe nicht trüb wird.

Kartoffelsuppe mit Speck

Zum Aufwärmen an kalten Tagen

Für diese köstlich-sämige Suppe eignet sich eine mehlige Kartoffelsorte wie ›Maritta‹, ›Irmgard‹ oder ›Datura‹, die beim Garen etwas zerfällt. Die Suppe schmeckt am besten mit einer kräftigen selbstgekochten Brühe aus Rindfleisch, Knochen und Wurzelgemüse. Ersatzweise können Sie aber auch Würfelbrühe verwenden.

Für 4 Personen brauchen Sie:

- 500 g Suppenknochen · 1 Markknochen
- 2 l kaltes Wasser
- 500 g Rindfleisch zum Kochen · Salz
- 750 g Kartoffeln · 200 g Möhren
- 200 g Knollensellerie · 1 Stange Lauch
- 1 Petersilienwurzel
- einige Sellerieblättchen, frisch gehackt
- 1 Bund Petersilie, frisch gehackt
- 150 g Südtiroler Speck
- ½ Bund Majoran, frisch gehackt
- 1 Becher Crème fraîche (200 g)
- schwarzen Pfeffer, frisch gemahlen
- 2 Scheiben Roggenbrot, gewürfelt
- 1 Knoblauchzehe

Etwa 3410 Joule/815 Kalorien pro Person
Zubereitungszeit: etwa 2 Stunden

Die Knochen abspülen. Mit dem kalten Wasser in einen Topf geben und bei schwacher Hitze zum Kochen bringen. Der Topf sollte dabei gar nicht oder höchstens halb zugedeckt werden.

• Das Rindfleisch zugeben, die Brühe mit Salz würzen und erneut möglichst langsam zum Kochen bringen. Das Fleisch und die Knochen 1 Stunde leise köcheln lassen. Dabei den Topf halb zudecken. Achten Sie darauf, daß die Brühe niemals sprudelnd kocht, sonst wird das Fleisch trocken.

• Während die Brühe gart, das Gemüse vorbereiten: Die Kartoffeln schälen, waschen und in kleine Würfel schneiden. Die gewaschenen, geputzten Möhren in Scheiben hobeln, den gewaschenen, geputzten Sellerie ebenfalls würfeln. Den Lauch putzen, dabei ¾ des Grüns abschneiden. Den Lauch gründlich waschen und in Ringe schneiden. Die Petersilienwurzel schälen, waschen und würfeln.

• Die Kartoffeln mit den Gemüsen sowie den Sellerieblättchen und der Petersilie in die Brühe geben. Alles zusammen weitere 30 Minuten köcheln lassen.

• Inzwischen den Speck feinwürfeln. Eine Pfanne ohne Fett erhitzen und die Würfel darin bei schwacher Hitze unter häufigem Wenden ausbraten.

• Die Knochen und das Fleisch aus der Brühe nehmen. Die Knochen wegwerfen. Das Fleisch entweder nach kurzem Abkühlen in kleine Würfel schneiden und zum Schluß in der fertigen Suppe noch einmal erhitzen oder aber vollkommen erkalten lassen und später für ein anderes Gericht, z. B. einen Salat, verwenden.

• Die Gemüse mit dem Kartoffelstampfer grob zerdrücken.

• Die Speckwürfel aus dem Fett heben, mit dem Majoran und der Crème fraîche in die Suppe rühren und diese mit Salz und Pfeffer abschmecken.

• Die Brotwürfel im Speckfett rösten.

• Die Knoblauchzehe schälen und mit etwas Salz zerdrücken. Zu den Brotwürfeln geben und kurz im Fett anschwitzen.

• Die Brotwürfel mit dem Knoblauch und dem Speckfett über die Suppe geben und sofort servieren.

Tomatencreme

Mit frischen Kräutern schmeckt sie am besten

Die Basis für diese cremige Suppe, das Tomatenpüree, können Sie auf Vorrat zubereiten und einfrieren oder einkochen. Das lohnt sich besonders im Sommer, wenn es preiswert sonnengereifte Tomaten gibt. Um die Suppe dann fertigzustellen, brauchen Sie das Püree nur zu erhitzen und mit Milch und Sahne zu verfeinern.

Für 4 Personen brauchen Sie:
750 g reife Tomaten · 1 Bund Suppengrün
1 Petersilienwurzel · 1 Zwiebel
1 Knoblauchzehe · 30 g Butter
1 Bund Petersilie, frisch gehackt
1 Zweig Rosmarin · 1 Zweig Thymian
1 Blättchen Liebstöckel · Salz
1 Teel. Instant-Brühe · ½ Teel. Zucker
schwarzen Pfeffer, frisch gemahlen
¾ l Milch · ¼ l Sahne · 1 Bund Basilikum

Etwa 1650 Joule/390 Kalorien pro Person
Zubereitungszeit: etwa 1 Stunde

Die Tomaten mit kochendem Wasser übergießen, kalt abschrecken, enthäuten, dabei die Stielansätze und Kerne entfernen. Das Tomatenfleisch würfeln.
- Das Suppengrün putzen, waschen und feinwürfeln. Die Petersilienwurzel, die Zwiebel und die Knoblauchzehe schälen, waschen und hacken.
- Die Butter in einem Topf zerlassen. Die Zwiebel und die Knoblauchzehe darin bei mittlerer Hitze unter Rühren anbraten. Die Tomatenwürfel, das Suppengrün und die Petersilienwurzel kurz mitbraten.
- Die Petersilie, die Kräuterzweige und das Liebstöckelblättchen zugeben. Alles bei schwacher Hitze 40 Minuten zugedeckt leise köcheln lassen.

- Die Zweige aus dem Topf nehmen und die Tomatenmischung pürieren.
- Das Püree wieder in den Topf geben, kochen lassen und mit Salz, der Instant-Brühe, dem Zucker und Pfeffer würzen.
- Etwa ⅓ der Milch mit 5 Eßlöffeln des heißen Pürees verquirlen und in die Suppe rühren. Die restliche Milch und die Sahne zugeben. Milch und Sahne müssen ganz frisch sein, damit sie durch die Säure der Tomaten nicht gerinnen.
- Das Basilikum waschen, die Blättchen von den Stielen zupfen. Die Suppe mit den Blättchen bestreut servieren.

Pichelsteiner Fleisch

Ein deftig-kräftiger Eintopf, der nur wenig Arbeit macht

Für 6 Personen brauchen Sie:
80 g Ochsenmark
je 200 g Rind- und Schweinefleisch aus der Keule oder der Schulter
200 g Kalbsschulter
200 g Lammschulter · 3 Zwiebeln
300 g Knollensellerie
300 g Möhren · 400 g Kartoffeln
½ Kopf Weißkohl · Salz
schwarzen Pfeffer, frisch gemahlen
½ Bund Majoran
½–¾ l Wasser · 1–2 Bund Petersilie

Etwa 2240 Joule/535 Kalorien pro Person
Zubereitungszeit: etwa 2 Stunden

Das Ochsenmark unter kaltem Wasser abspülen, mit Haushaltspapier trokkentupfen und alle Häutchen und Äderchen mit einem spitzen Messer ablösen.

- Das Mark danach in gleichmäßige dünne Scheiben schneiden und den Boden eines großen Schmortopfes damit belegen. Das ausbratende Fett sorgt beim Garen nicht nur für das herzhafte Aroma, sondern schützt das Gemüse außerdem vor dem Anbrennen.
- Alle Fleischsorten, wenn nötig, von Sehnen und Fetträndern befreien und quer zur Faser in dünne Scheiben schneiden. Sehr breite Stücke werden dazu vorher der Länge nach in Streifen geschnitten, damit mundgerechte Stücke entstehen.
- Von den geschälten Zwiebeln die Wurzeln direkt am Ansatz abschneiden, jedoch ohne die an dieser Stelle zusammengewachsenen Schichten zu durchtrennen. So lassen sich die Zwiebeln später leichter schneiden, ohne zwischendurch in die einzelnen Ringe zu zerfallen.
- Den Knollensellerie schälen, in dünne Scheiben schneiden und diese, je nach Größe, halbieren oder vierteln. Die Möhren vom Grün befreien, schaben oder unter kaltem Wasser gründlich abbürsten und in dünne Scheiben schneiden. Die Kartoffeln schälen, unter kaltem Wasser waschen und sehr gut abtrocknen oder trockentupfen. Anschließend in gleichmäßig dünne Scheiben hobeln.
- Den Weißkohl von seinen groben Außenblättern befreien, halbieren oder vierteln und den Strunk mit einem scharfen Messer herausschneiden.

- Die äußeren Blätter ablösen und sehr dicke Blattrippen keilförmig heraustrennen. Den Weißkohl anschließend in breite Streifen schneiden oder die Blätter grob zerpflücken.

- Das vorbereitete Fleisch abwechselnd mit dem Gemüse in den Topf über das Ochsenmark schichten und jede Schicht dabei mit Salz, Pfeffer und ein paar Majoranblättchen würzen.
- Soviel Wasser angießen, daß alles gut zur Hälfte bis knapp zu drei Viertel damit bedeckt ist. Den Topf schließen und das Gericht zum Kochen bringen. Die Temperatur danach sofort herunterschalten und alles bei schwacher Hitze etwa 1½ Stunden schmoren. Zum Schluß den Deckel abnehmen und die Flüssigkeit nach Wunsch bei starker Hitze etwas einkochen lassen.
- Zwischenzeitlich die Petersilie abspülen, trockenschwenken und feinhacken. Die Hälfte davon unter das Pichelsteiner Fleisch mischen und dieses anrichten. Die restliche Petersilie darüber verteilen und den Eintopf sofort so heiß wie möglich servieren.

Das paßt dazu: kräftiges dunkles Brot oder auch Roggenbrötchen und Salzstangen

Variante: Irish Stew

Es wird zwar mit anderen Zutaten zubereitet, doch die Garmethode bleibt dieselbe: Für 6 Personen etwa 800 g mageres Lammfleisch ohne Knochen in Scheiben schneiden. Etwa 1 kg Kartoffeln und gut 500 g Zwiebeln schälen und in Scheiben, beziehungsweise in Ringe teilen. Mit einer Lage Kartoffeln beginnend alle Zutaten in einen großen Schmortopf schichten und dabei jede Schicht mit Salz, Pfeffer und nach Wunsch etwas zerriebenem Thymian oder etwas Kümmel würzen. 1–2 kleine Lorbeerblätter mit einlegen und zum Schluß mit einer Lage Kartoffeln abdecken. ½ bis ¾ l heiße Fleischbrühe angießen, den Topf schließen und das Gericht zum Kochen bringen. Die Hitze reduzieren und den Eintopf in gut 1½ Stunden leise garschmoren lassen. Das Irish Stew abschmecken und mit knapp 1 Bund gehackter Petersilie vermischen. Nach dem Anrichten mit etwas weiterer Petersilie bestreuen und sehr heiß servieren.

Variante: Irish Stew moderne Art

Es wird genauso zubereitet wie das vorangehende Rezept, doch kommen einige Zutaten hinzu, dadurch ändern sich die Mengen. Etwa 800 g Lammfleisch ohne Knochen in dünne Scheiben schneiden.
½ Weißkohl, etwa 500 g Kartoffeln,
3–4 Möhren und 4–5 Zwiebeln putzen und alles in Scheiben beziehungsweise in kleine Stücke teilen. Sämtliche Zutaten wechselweise in einen Schmortopf schichten und dabei mit Salz, Pfeffer, Kümmel und Lorbeerblatt würzen. Wie angegeben mit Brühe angießen und zugedeckt gut 1½ Stunden bei schwacher bis mittlerer Hitze schmoren lassen. Abschmecken und mit gehackter Petersilie bestreut servieren.

Unser Tip: Noch aromatischer werden diese drei Gerichte, wenn Sie die einzelnen Fleischsorten portionsweise in heißem Schweineschmalz oder in einem Öl-Butter-Gemisch anbraten, bevor sie zusammen mit dem Gemüse in den Topf geschichtet werden. Das entspricht zwar ebensowenig den Regeln der klassischen Küche wie unser Rat, doch einmal etwas Räucherspeck, in dünne Scheiben geschnittene Knoblauchwurst oder ein paar Pilze unterzumischen, doch auch hier gilt die Regel: »Erlaubt ist, was gut schmeckt«.

Ob nun Pichelsteiner oder Büchelsteiner die richtige Bezeichnung für diesen herzhaften Eintopf ist, darüber streiten sich die Fachleute schon lange. Keinen Streit aber gibt es wegen der Zutaten und darüber, daß es sich hier um gute, ehrliche Hausmannskost handelt, die auch Gäste erfreut.

Minestrone

Gehaltvoll wie ein Gemüse-Eintopf

Für 6 Personen brauchen Sie:
150 g getrocknete weiße Bohnen
75 g durchwachsenen Räucherspeck
1 Zwiebel · 2 Knoblauchzehen
200 g Möhren · 2 Petersilienwurzeln
2 Stangen Bleichsellerie
1 Stange Lauch · 250 g Spitzkohl
500 g frische grüne Erbsenschoten
1 kg frische dicke Bohnen
3 Eßl. kaltgepreßtes Olivenöl
750 g reife Fleischtomaten
2 l Fleischbrühe · 1 Lorbeerblatt
1 Zweig frischen Rosmarin
1 Bund Petersilie
100 g Langkornreis · Salz
schwarzen Pfeffer, frisch gemahlen

Etwa 1680 Joule/400 Kalorien pro Person
Zubereitungszeit: etwa 1¾ Stunden
Einweichzeit: etwa 8 Stunden

Die getrockneten Bohnen auf ein Sieb schütten und gründlich kalt abspülen. In einem Topf mit kaltem Wasser bedeckt etwa 8 Stunden einweichen.
• Die Bohnen mit dem Einweichwasser aufsetzen und zugedeckt zum Kochen bringen. Die Temperatur zurückschalten und bei schwacher Hitze 50 Minuten kochen.
• Inzwischen den geräucherten Speck würfeln, dabei alle Knorpel herausschneiden. Die Zwiebel und die Knoblauchzehen schälen. Die Zwiebel feinwürfeln, die Knoblauchzehen hacken.
• Die Möhren schaben, waschen und in Scheiben schneiden. Die Petersilienwurzeln schälen, waschen und würfeln. Den Bleichsellerie ebenfalls gründlich waschen. Eventuelle harte Fasern abziehen und die Selleriestangen in etwa ½ cm lange Stücke schneiden. Den Lauch putzen, waschen und mit einem Teil des Grüns in gleichbreite Ringe teilen.

• Von dem Spitzkohl die harten Außenblätter entfernen. Den Kohl vierteln und den Strunk mit einem schräg nach innen geführten Schnitt heraustrennen. Die Blätter voneinander lösen und gründlich waschen. Die harten Blattrippen entfernen und die Blätter nicht zu fein zerkleinern.
• Die Erbsen- und Bohnenschoten aufbrechen und auspalen. Die Erbsen und die dicken Bohnen auf ein Sieb geben, kalt abspülen und trockenschwenken.

• Das Olivenöl in einem großen Topf erhitzen. Den gewürfelten Speck darin unter häufigem Wenden bei schwacher bis mittlerer Hitze ausbraten, bis der Speck knusprig ist und das Speckfett leicht schäumt.
• Inzwischen die Tomaten mit kochendem Wasser überbrühen, kurz ziehen lassen, abschrecken und enthäuten. Die Tomaten vierteln, die Stielansätze und die Kerne entfernen. Das Tomatenfleisch fein zerkleinern oder im Mixer pürieren.
• Die Zwiebelwürfel zum Speck geben und anbraten, bis sie glasig und goldgelb sind. Jetzt erst den gehackten Knoblauch in den Topf geben und ganz kurz mitbraten, bis er nur leicht Farbe angenommen hat. Knoblauch sollten Sie immer nur kurz und bei mittlerer Hitze braten, denn er bräunt sehr rasch und wird dann bitter.
• Die vorgegarten weißen Bohnen durch ein Sieb abgießen.

• Die restlichen Gemüse, außer den Tomaten, zur Speck-Zwiebelmischung geben und bei mittlerer Hitze 5 Minuten mitbraten. Rühren Sie so lange kräftig um, bis sich Flüssigkeit gebildet hat, sonst können die Gemüse anbrennen. Sobald die Gemüse etwas Farbe angenommen haben und von einem dünnen Fettfilm überzogen sind, die abgetropften weißen Bohnen zugeben.

• Die Temperatur erhöhen und die Fleischbrühe zugießen. Die Minestrone bei starker Hitze rasch zum Kochen bringen. Die zerkleinerten Tomaten untermischen.
• Das Lorbeerblatt, den Rosmarinzweig und die gewaschene, trockengeschwenkte Petersilie mit Küchengarn zusammenbinden. Das Kräutersträußchen in die Suppe legen und diese jetzt bei schwacher Hitze zugedeckt 20 Minuten leise köcheln lassen.
• Inzwischen den Reis auf ein Sieb geben und kalt abspülen, bis das abfließende Wasser klar bleibt. Wenn Sie die Minestrone lieber stärker gebunden mögen, waschen Sie den Reis nicht, denn die anhaftende Stärke macht die Suppe sämig.
• Den Reis in die Suppe rühren, einmal aufkochen und dann bei schwacher Hitze in 20 bis 25 Minuten körnig weich ausquellen lassen.
• Das Kräutersträußchen entfernen. Die Suppe mit Salz und Pfeffer aus der Mühle abschmecken, in eine vorgewärmte Terrine füllen und sehr heiß servieren.

Das paßt dazu: frisch geriebener Parmesan oder reichlich frisch gehackte gemischte Kräuter und Stangenweißbrot

Minestrone – das ist in Italien grundsätzlich eine Gemüsesuppe mit sättigender Einlage aus Reis, Nudeln oder Graupen. Andere Suppen dagegen nennt man »minestre« oder auch »zuppe«, wenn sie nicht – wie zum Beispiel die »burrida« – eine eigene Bezeichnung haben. Kochen Sie die Minestrone wie die Italiener, nämlich aus allen Gemüsesorten, die der Markt gerade bietet. Wir haben es ebenso gemacht und anstatt des Weißkohls den noch zarteren Spitzkohl verwendet, den es nur im Frühjahr gibt. Die Minestrone schmeckt aber auch im Winter köstlich: mit Hülsenfrüchten und tiefgefrorenem Gemüse.

Salade niçoise

Küchenklassiker mit ungezählten Variationen

Für 4 Personen brauchen Sie:
400 g festkochende Kartoffeln · Salz
400 g feine grüne Bohnen · 1 kleine Zwiebel
je 8 grüne und schwarze Oliven, entsteint
1 kleines Glas Sardellenfilets
etwa ½ Teel. Salz · 1 Prise Zucker
3 Eßl. Weißwein- oder Rotweinessig
schwarzen Pfeffer, frisch gemahlen
6–7 Eßl. kaltgepreßtes Olivenöl
2 Eßl. kleine Kapern · 4 vollreife Tomaten

Etwa 1425 Joule/340 Kalorien pro Person
Zubereitungszeit: etwa 1 Stunde
Marinierzeit: etwa 30 Minuten

Die Kartoffeln unter kaltem Wasser abbürsten und mit der Schale in Salzwasser kochen. Danach kalt abschrecken, abziehen und auskühlen lassen.

- Die Bohnen von den Stiel- und Blütenansätzen befreien und, je nach Sorte, von unten nach oben abfädeln.
- Reichlich Wasser mit einer kräftigen Prise Salz in einem großen Topf etwa 3 Minuten sprudelnd kochen lassen und erst dann die Bohnen hineingeben. Das Wasser muß dabei ständig weitersprudeln.
- In einer Schüssel kaltes Wasser mit zwei bis drei Handvoll Eiswürfeln mischen.

- Die Bohnen nach 8–10 Minuten aus dem kochenden Wasser heben und sofort im Eiswasser abschrecken. Dadurch können sie nicht nachgaren und das Eiswasser sorgt dafür, daß die frische grüne Farbe erhalten bleibt. Die Bohnen nach dem Abkühlen sehr gut abtropfen lassen.
- Die Zwiebel schälen, halbieren und in hauchdünne Streifen schneiden.
- Die Oliven und die Sardellenfilets abtropfen lassen. In Salz eingelegte Filets vorher kurz unter kaltem Wasser abspülen. Die Filets, wenn nötig, entgräten.

- Das Salz mit dem Zucker in eine Schüssel geben, den Essig zufügen und so lange rühren, bis sich Salz und Zucker völlig gelöst haben. Das ist unbedingt nötig, weil nicht aufgelöste Kristalle später vom Öl umschlossen werden und dadurch einen Großteil ihrer Würzkraft einbüßen.

- Den Pfeffer darübermahlen und das Öl unter ständigem Schlagen in einem dünnen Strahl daruntermischen. Es muß sich mit dem Essig und den Gewürzen zu einer homogenen Mischung verbinden.
- Die Kartoffeln in Scheiben schneiden, mit den Bohnen und den Zwiebeln in eine Schüssel geben und mit der Marinade locker vermischen. Zugedeckt etwa 30 Minuten durchziehen lassen.
- Die Tomaten mit kochendem Wasser überbrühen, enthäuten, entkernen, von den Stielansätzen befreien und in schmale Streifen schneiden. Diese zusammen mit den Oliven und den Sardellenfilets locker und vorsichtig unter den Salat heben.
- Die Kapern abtropfen lassen und zum Schluß über den Salat streuen.

Das paßt dazu: frisches Stangenweißbrot

Unser Tip: Selbstverständlich können Sie die Marinade auch noch mit gehackten Kräutern abschmecken. Sehr gut passen Petersilie und ein paar Basilikumblättchen oder etwas Oregano dazu. Und auch eine Spur Thymian gibt eine interessante Note.

Variante: Griechischer Bauernsalat

Auch er gehört mittlerweile bei uns zu den beliebtesten Sommersalaten, fehlt in fast keinem Restaurant und schon gar nicht bei den unzähligen Grillfesten. Allerdings herrscht bei diesem Salat ebenfalls Uneinigkeit darüber, welche der mannigfachen Varianten nun die beste und vor allem die wirklich »echte« sein könnte. Probieren Sie doch einmal dieses Rezept: Für 4 Personen 1 grüne Paprikaschote von Stielansatz, Trennwänden und Kernen säubern, abspülen, trockentupfen und in feine Streifen schneiden. 1 große milde Zwiebel schälen und in Ringe oder ebenfalls in Streifen teilen. 3 Fleischtomaten waschen, abtrocknen, die Stielansätze heraustrennen und die Früchte dann in Schnitze zerschneiden. 1 kleine Salatgurke waschen, abtrocknen und der Länge nach halbieren. Die Kerne mit einem Kugelausstecher oder mit einem Teelöffel herausschaben und das Fruchtfleisch in Scheiben schneiden. 100 g schwarze Oliven abtropfen lassen. Etwa ½ Teelöffel Salz zusammen mit einer kleinen Prise Zucker in eine Schüssel geben und mit 2–3 Eßlöffeln Rot- oder Weißweinessig (ganz nach Geschmack) verrühren, bis sich Salz und Zucker gelöst haben. Reichlich schwarzen Pfeffer darübermahlen und 5–6 Eßlöffel kaltgepreßtes Olivenöl nach und nach darunterschlagen. Alle vorbereiteten Zutaten zusammen mit den Oliven in eine Schüssel geben. Etwa 200 g griechischen Schafkäse in kleine Stücke bröckeln und darüber verteilen. Die Marinade über den Salat gießen und alles locker und vorsichtig miteinander vermengen. Etwa 1 Teelöffel zerriebenen Oregano darüberstreuen und den Salat möglichst sehr frisch servieren.

Unser Tip: Zerdrückter Knoblauch in der Marinade oder in hauchdünne Scheiben geschnittene Knoblauchzehen, die unter den fertigen Salat gemengt werden, sind empfehlenswert. Auch Basilikum oder Thymian, etwas Dill oder winzige Mengen frische Minze passen gut in den Salat.

In guten wie in mittelmäßigen Restaurants findet man ihn auf der Speisekarte, mal als Salade niçoise und mal als Nizzaer Salat, und man weiß bei der Bestellung eigentlich nie, was einem später serviert wird. Die klassische Küche schreibt lediglich feine grüne Bohnen, Kartoffeln, Tomaten, Oliven, Sardellen- oder Anchovisfilets und Kapern vor, doch behaupten viele, daß er ohne Thunfisch und hartgekochte Eier nur halb so gut schmeckt. Andere wollen keinesfalls auf Bleichsellerie, Paprikaschoten und Gurkenscheiben verzichten, während einige ihn unbedingt auf Kopfsalatblättern anrichten möchten.

Gemüse auf italienische Art

Vorspeise oder sommerlicher Imbiß nach italienischem Vorbild

Für 8 Personen brauchen Sie:
je 1 rote, gelbe und grüne Paprikaschote
2 junge Zucchini · 1 Aubergine · Salz
2 Zweige Rosmarin · ½ Bund Thymian
1 Bund Estragon · ½ Bund Petersilie
etwa ⅜ l kaltgepreßtes Olivenöl
4 Knoblauchzehen
4 Eßl. Weißweinessig
schwarzen Pfeffer, frisch gemahlen
2 Bund Lauch- oder Frühlingszwiebeln
500 g braune Egerlinge
1 unbehandelte Zitrone · ¼ l Hühnerbrühe
⅛ l trockener Weißwein
1 Lorbeerblatt · 8 weiße Pfefferkörner

Etwa 1465 Joule/350 Kalorien pro Person
Zubereitungszeit: etwa 1½ Stunden
Marinierzeit: mindestens 6 Stunden

Den Backofen auf 250° vorheizen. Alle Gemüse und Kräuter waschen und sehr gut trockentupfen.

• Die Paprikaschoten auf dem Rost für etwa 20 Minuten in den Ofen schieben. Wenn die Haut schrumpelt und Blasen wirft, die Schoten herausnehmen und mit einem feuchten Küchentuch bedecken.

• Die Zucchini von Stiel- und Blütenansätzen befreien und ungeschält mit einem scharfen Messer schräg in etwa ½ cm dicke Scheiben schneiden.

• Die Aubergine ebenfalls von Stiel- und Blütenansatz befreien, der Länge nach halbieren und in gleichmäßige, etwa ½ cm dikke Scheiben schneiden. Diese salzen und etwa 10 Minuten ziehen lassen.

• Nun die Paprikaschoten häuten. Dazu die Bläschen mit einem spitzen Messer anstechen und die dünne Haut abziehen. Wo die Haut keine Blasen geworfen hat, geht beim Abziehen manchmal etwas Fruchtfleisch mit ab. Die gehäuteten Schoten dann von den Stielansätzen befreien, der Länge nach vierteln und die Trennwände mit den Kernen herausschneiden. Die restlichen Kerne mit dem Messer abkratzen.

• Die Auberginenscheiben mit Küchenpapier abtupfen, um die Feuchtigkeit und das überschüssige Salz zu entfernen.

• Eine schwere Pfanne ohne Fett erhitzen und die Temperatur prüfen: Wenn ein Wassertropfen, den Sie in die Pfanne spritzen, zischend verdampft, ist die richtige Temperatur erreicht. Etwas Olivenöl in die Pfanne geben und nur so lange erhitzen, bis es die Oberflächenspannung verliert und dünnflüssig zerläuft.

• Die Auberginenscheiben darin portionsweise auf beiden Seiten anbraten. Während des Bratens immer wieder etwas Öl am Rand der Pfanne zugeben, damit es heiß wird, bevor es mit dem Gemüse in Berührung kommt. Die Scheiben herausnehmen und auf einer dicken Lage Küchenpapier abfetten lassen.

• Die Knoblauchzehen schälen und in Scheiben schneiden. Die Rosmarinnadeln und Thymianblättchen abzupfen.

• Nacheinander das restliche Gemüse portionsweise im Öl anbraten und ebenfalls abfetten lassen. Dann in eine Schüssel schichten.

• Zuletzt die Hälfte des Knoblauchs unter Rühren im Öl glasig, aber nicht braun werden lassen. Die Rosmarinnadeln und Thymianblättchen dazugeben, kurz durchrühren und alles mit dem Weißweinessig ablöschen und mit Pfeffer würzen.

• Etwa 6 Eßlöffel Olivenöl dazugießen und bis knapp vor den Siedepunkt erhitzen. Es darf dabei weder kochen noch zu rauchen beginnen. Über das Gemüse gießen.

• Für die zweite Gemüsemischung die Lauch- oder Frühlingszwiebeln von den Wurzelansätzen befreien und die grünen Röhren abschneiden. Die äußeren dünnen Zwiebelhäutchen abziehen.

• Die Stiele der Egerling abschneiden. Alle Erdreste abkratzen. Nur wenn unbedingt nötig die Pilze kurz abspülen. Große Pilze halbieren oder vierteln.

• Die Estragon- und Petersilienblätter zerkleinern. Die Blätter beiseite stellen, die Stiele für den Sud aufbewahren.

• Die Zitrone heiß waschen und abtrocknen. Mit einem sehr scharfen Messer ein hauchdünnes Stückchen Schale (ohne Haut) abschälen. Die Zitrone dann halbieren und auspressen. Schale und Saft beiseite stellen.

• Etwa 4 Eßlöffel Olivenöl in einer Pfanne oder Kasserolle langsam erhitzen. Die Lauch- oder Frühlingszwiebeln darin bei schwacher bis mittlerer Hitze unter ständigem Rütteln glasig braten, jedoch nicht braun werden lassen. Dann mit einem Schaumlöffel aus der Pfanne nehmen.

• Nun die Egerlinge in die Pfanne geben und unter Rühren anbraten. Die Pilze sollen dabei etwas Farbe annehmen, aber nicht richtig braun werden. Die Zwiebeln wieder dazugeben und die restlichen Knoblauchscheiben untermischen.

• Die Hühnerbrühe und den Weißwein zu den Pilzen geben und zum Kochen bringen. Die Estragon- und Petersilienstiele, die Zitronenschale und den -saft sowie das Lorbeerblatt und die Pfefferkörner untermischen. Alles 10 Minuten köcheln lassen.

• Die Kräuterstiele und die Zitronenschale entfernen. Das Gemüse herausnehmen und in einer Schüssel beiseite stellen.

• Den Sud bei starker Hitze ohne Deckel auf etwa ¼ l einkochen lassen.

• Die Petersilien- und Estragonblättchen hinzufügen, alles noch einmal aufkochen lassen, dann den Sud über die Pilze und die Zwiebeln gießen. Das Gemüse mindestens 6 Stunden durchziehen lassen.

Antipasti, die bunt gemischten Vorspeisen der italienischen Küche, sind ohne marinierte Gemüse undenkbar, und auch in Spanien, Griechenland und Südfrankreich findet man eine Reihe von ähnlichen Zubereitungen. Selbstverständlich können sie nicht nur als Vorspeise gereicht werden, denn auch zu kurzgebratenem Fleisch, zu kaltem Braten und nicht zuletzt zu Gegrilltem passen sie ganz vorzüglich. Wir stellen Ihnen hier zwei leicht voneinander abweichende Zubereitungsformen vor, die Sie als Grundmodell für weitere Gemüsearten verwenden können.

Quiche lorraine

Ein deftiger Speckkuchen, der ausgezeichnet zu neuem Wein paßt

Für 8 Personen brauchen Sie:
250 g Mehl · 5 Eier · Salz
1–2 Eßl. Eiswasser · 150 g Butter
250 g Räucherspeck in dünnen Scheiben
100 g Emmentaler oder Gruyère in dünnen Scheiben
¼ l Sahne · Paprikapulver edelsüß
weißen Pfeffer, frisch gemahlen
Butterflöckchen zum Überbacken

Etwa 2800 Joule/690 Kalorien pro Person
Zubereitungszeit: etwa 50 Minuten
Kühlzeit: 30 Minuten

Das Mehl auf eine Arbeitsfläche schütten. In die Mitte eine Mulde drücken und 1 Ei, 1 Prise Salz sowie das Eiswasser hineingeben. 125 g Butter in kleinen Flöckchen auf dem Rand des Mehles verteilen.

- Alle diese Zutaten rasch mit möglichst kalten Händen zu einem glatten Teig verarbeiten. Den Mürbeteig zu einer Kugel formen, in Folie wickeln und für 30 Minuten in den Kühlschrank legen, damit er beim Backen knusprig-zart wird.
- Inzwischen die Speckscheiben quer halbieren. Die restliche Butter in einer Pfanne erhitzen, aber nicht bräunen.

- Die Speckscheiben in der Butter unter häufigem Wenden bei mittlerer Hitze glasig braten, herausnehmen und auf Küchenpapier etwas abfetten lassen.
- Den Backofen auf 200° vorheizen. Eine Springform von 26 cm Ø bereitstellen.
- Die Käsescheiben vierteln.
- Den gekühlten Teig auf Alufolie ausrollen. Mit Hilfe des Springformbodens den Teigboden ausschneiden. Für den Rand einen etwa 4 cm breiten Streifen, für die Nähte etwa 1 cm breite, gleichmäßige Streifen ausschneiden.
- Boden und Randstreifen (ohne Folie) in die Form legen. Die schmalen Streifchen in die Ritzen drücken.

- Den Tortenboden mit einer Gabel mehrmals einstechen, damit während des Backens die Luft entweichen kann und der Boden sich nicht wölbt.
- Die Speck- und die Käsescheiben abwechselnd dachziegelartig auf dem Quicheboden verteilen.

- Die restlichen Eier mit dem Schneebesen in einer Schüssel leicht verquirlen, bis sich Eigelb und Eiweiß miteinander verbunden haben.
- Die Sahne unterschlagen. Die Eiersahne mit Paprikapulver, Pfeffer und einer kräftigen Prise Salz abschmecken und über die Speck- und die Käsescheiben gießen. Die Form dabei ein wenig rütteln, damit sich die Masse überall gut und gleichmäßig verteilt.

- Die Butter über der Masse verteilen.
- Die Quiche lorraine im vorgeheizten Backofen auf der zweiten Schiene von unten etwa 30 Minuten backen. Die Oberfläche soll dann schön gebräunt, der Belag locker, aber gebunden sein. Machen Sie unbedingt die Stäbchenprobe: Wenn an einem Holzstäbchen, das Sie in die Mitte der Quiche stecken, keine feuchten Belagreste mehr haften, ist die Quiche fertig. Sollte der Speckkuchen zu rasch bräunen, schalten Sie die Backtemperatur zurück und decken den Kuchen mit Alufolie ab.
- Die Quiche etwas abkühlen lassen, dann in 8 Stücke teilen und noch warm servieren.

Das paßt dazu: außer einem guten Wein am besten grüner oder gemischter Salat

Variante: Zwiebelkuchen

Bereiten Sie den Teig ebenso zu wie für die Quiche lorraine, ersetzen Sie jedoch die Butter durch gut gekühltes Schweineschmalz und geben Sie an den Teig noch eine kräftige Prise Cayennepfeffer. Während der Teig ruht, 1 kg Zwiebeln (die besten für Zwiebelkuchen gibt es im Herbst) schälen und in Ringe hobeln. Die Zwiebelringe portionsweise in etwa 100 g Butter bei mittlerer Hitze unter häufigem Wenden glasig und halbweich braten. 250 g Schwarzwälder Speck würfeln und in einer zweiten Pfanne bei mittlerer Hitze auslassen. Die Speckwürfel mit den Zwiebelringen mischen. Die Masse lauwarm abkühlen lassen. Dann 3 Eigelb mit ¼ l saurer Sahne verquirlen, mit knapp 1 Teelöffel Paprikapulver rosenscharf, frisch gemahlenem weißen Pfeffer, gemahlenem Kümmel und Salz abschmecken. Die Eiersahne mit der Speck- und Zwiebelmasse mischen. Eine Springform von 26 cm Ø mit dem Teig auskleiden. Den Belag auf dem Teigboden verteilen. Den Zwiebelkuchen im vorgeheizten Backofen bei 200° etwa 30 Minuten backen. Noch warm servieren.

Eine Quiche – das ist in Frankreich immer ein dünner Teigboden mit einem saftigen Belag. Die feinste Version dieser köstlichen »Torten« ist sicher die Quiche lorraine, der Lothringer Speckkuchen. Traditionell handelt es sich dabei um einen zarten Mürbeteig mit einem pikanten Belag aus Speck- und Käsescheiben. Übergossen wird das Ganze dann mit Eiersahne. Selbstverständlich können Sie die Quiche auch mit Zwiebeln zubereiten, frische Kräuter zugeben oder die Sahne zur Hälfte durch Milch ersetzen. Der Speckkuchen ist ein idealer Imbiß für den Weinabend, läßt sich ausgezeichnet vorbereiten und sogar einfrieren.

Überbackener Spinat

Ein raffiniertes »antipasto« aus Italien, das wenig Mühe macht

Am besten schmeckt diese Vorspeise mit dem kräftigen italienischen Spinat, den Sie im Frühsommer auf gut sortierten Märkten erhalten. Sie können aber auch anderen Blattspinat verwenden. Nur: frisch muß er sein, denn mit Tiefkühlware gelingt dieses kleine Gericht nicht so gut.

Für 4 Personen brauchen Sie:
- 250 g frischen Spinat · Salz
- 1 Zwiebel · 1 Knoblauchzehe
- 100 g gekochten Schinken, in dünne Scheiben geschnitten
- 150 g Mozzarella
- 1 Eßl. kaltgepreßtes Olivenöl
- ½ Zitrone
- weißen Pfeffer, frisch gemahlen
- Butter für die Förmchen

Etwa 970 Joule/230 Kalorien pro Person
Zubereitungszeit: etwa 40 Minuten

Den Spinat sorgfältig verlesen, mehrmals in reichlich Wasser gründlich waschen, bis alle Erdreste vollkommen entfernt sind. Den Spinat erst danach sehr gut trockenschwenken und alle harten Stiele entfernen.

• Den Backofen auf 250° vorheizen.

• Den Spinat in reichlich kochendem Salzwasser portionsweise blanchieren, dabei die Blätter mit einem Schaumlöffel knapp 1 Minute unter die Oberfläche des sprudelnd kochenden Wassers drücken, dann mit dem Schaumlöffel herausheben und sofort kurz in möglichst eiskaltes Wasser

geben, damit die Blätter grün bleiben. Den Spinat herausnehmen, abtropfen lassen und hacken.

• Die Zwiebel und die Knoblauchzehe schälen und feinhacken. Den Schinken in feine Streifen schneiden. Den Mozzarella abtropfen lassen, in Scheiben schneiden und diese würfeln.

• Das Olivenöl in einer Pfanne erhitzen. Die Zwiebel und den Knoblauch bei mittlerer Hitze darin glasig braten. Die Schinkenstreifen zugeben und unter Rühren leicht knusprig werden lassen.

• Die Zitrone auspressen, den Saft über die Schinken-Mischung träufeln. Den Spinat zugeben und unter Rühren erhitzen, mit Salz und Pfeffer abschmecken.

• 4 Muschelförmchen oder eine größere, feuerfeste Form mit Butter ausstreichen. Die Spinatmischung einfüllen und mit dem gewürfelten Mozzarella bestreuen. In den vorgeheizten Backofen auf die zweite Schiene von oben stellen und in etwa 15 Minuten gratinieren. Der Mozzarella soll dann zerlaufen und goldbraun sein.

Variante: Spinat mit Pinienkernen

400 g frischen Blattspinat vorbereiten, blanchieren und abschrecken. 1 Zwiebel und 1 Knoblauchzehe schälen und feinhacken. 2 Eßlöffel Olivenöl in einer Pfanne erhitzen. Die Zwiebel und den Knoblauch darin glasig braten. Den Spinat zugeben, unter Rühren erhitzen und mit Salz und frisch gemahlenem weißen Pfeffer würzen. 30 g Pinienkerne in einer Pfanne ohne Fettzugabe goldbraun rösten. Den Spinat in einer vorgewärmten Schüssel anrichten. Die Pinienkerne über den Spinat streuen.

Auberginen mit Joghurtcreme

Pikante Vorspeise oder sommerlicher Imbiß

Gebratene Auberginen (oder Zucchini) mit Tsatsíkji, der Joghurt-Knoblauch-Sauce mit Gurken und Dill, gehören bei uns zu den beliebtesten Gerichten der griechischen Küche. Probieren Sie aber auch einmal diese sahnigere Variante, die ihr herzhaft-erfrischendes Aroma durch Borretsch und Schnittlauch bekommt.

Für 4 Personen brauchen Sie:
- 750 g schlanke Auberginen · Salz
- ½ Salatgurke · 1 Fleischtomate
- 1 Bund Schnittlauch
- ca. 10 Borretschblätter
- 1 Becher Joghurt · 200 g Crème fraîche
- 3 Knoblauchzehen
- 1 Teel. kaltgepreßtes Olivenöl
- schwarzen Pfeffer, frisch gemahlen
- Mehl zum Bestäuben
- Olivenöl zum Braten

Etwa 1675 Joule/400 Kalorien pro Person
Zubereitungszeit: etwa 1 Stunde

Die Auberginen waschen, abtrocknen, von den Stielansätzen befreien und schräg in fingerdicke Scheiben schneiden. Diese auf beiden Seiten mit Salz bestreuen und etwa 10 Minuten ziehen lassen, bis sich das Wasser absetzt.

- Die Gurke waschen und abtrocknen. Eine Schüssel mit einem Tuch auslegen und die Gurke hineinraspeln, leicht salzen und ziehen lassen.
- Die Tomate mit kochendem Wasser überbrühen und enthäuten, vom Stielansatz und den Kernen befreien und sehr fein würfeln. Die Kräuter abspülen, trockenschwenken und sehr fein schneiden.
- Den Joghurt mit der Crème fraîche verrühren, die Knoblauchzehen schälen und durch die Presse hineindrücken. Die Kräuter zusammen mit dem Olivenöl darunterrühren und mit Salz und Pfeffer würzen.
- Die Gurkenraspel mit Hilfe des Tuches auspressen und zusammen mit den Tomatenwürfeln in die Sauce mischen. Bis zum Servieren zugedeckt kühl stellen.
- Die Auberginenscheiben trockentupfen, auf beiden Seiten mit Mehl bestäuben.
- Nach und nach etwas Olivenöl in einer großen Pfanne erhitzen. Die Scheiben portionsweise darin goldbraun braten, abfetten lassen und mit der Sauce umgossen anrichten.

Fisch provenzalisch

Sanft geschmort kann er sein Aroma wunderbar entfalten

Für 4 Personen brauchen Sie:
1 Aubergine (250 g) · Salz
1 Gemüsezwiebel · 4 Knoblauchzehen
250 g Zucchini · 1 grüne Paprikaschote
1 rote Paprikaschote
500 g Fleischtomaten
gut ⅛ l kaltgepreßtes Olivenöl
1 Bund Petersilie · 4 Zweige Thymian
1 Zweig Rosmarin · 1–2 Zweige Salbei
1 küchenfertiger Seeteufel von 1,5 kg
weißen Pfeffer, frisch gemahlen
Saft von ½ Zitrone · 2 Lorbeerblätter
⅛ l trockenen Weißwein
1 Bund Basilikum

Etwa 3240 Joule/770 Kalorien pro Person
Zubereitungszeit: etwa 1½ Stunden

Die Aubergine unter kaltem Wasser waschen, abtrocknen und ohne Stengelansatz in etwa 2 cm dicke Scheiben schneiden. Diese nebeneinanderlegen, auf beiden Seiten leicht salzen und so lange ruhen lassen, bis sich auf den Oberflächen Feuchtigkeit gesammelt hat. Diese dann mit Küchenpapier abtupfen.
• Die Gemüsezwiebel schälen, der Länge nach halbieren und in kleine, möglichst gleichmäßige Würfel schneiden.
• Die Knoblauchzehen schälen und der Länge nach in sehr dünne Scheiben schneiden. Die Hälfte davon feinhacken, die andere Hälfte in dünne, möglichst gleichmäßige Stifte schneiden.

• Die Zucchini unter kaltem Wasser waschen, abtrocknen und die Stiel- und Blütenansätze abschneiden. Die Früchte danach in gleichmäßige Scheiben zerteilen.
• Die Paprikaschoten von ihren Stielansätzen befreien, der Länge nach vierteln, die Trennwände und Kerne herauslösen, die Schoten waschen und trockentupfen.
• Die Tomaten mit kochendem Wasser überbrühen, enthäuten, entkernen und die Stielansätze dabei entfernen. Das Fruchtfleisch in Streifen oder Würfel schneiden.

• Etwa zwei Drittel des Öls in einer großen Pfanne oder einer Kasserolle erhitzen und die Auberginenscheiben darin portionsweise auf beiden Seiten goldbraun werden lassen. Die Scheiben dann wieder herausnehmen und auf einer dicken Lage Küchenpapier abfetten lassen.
• Das restliche Olivenöl bis auf etwa 4 Eßlöffel in die Pfanne oder die Kasserolle geben und ebenfalls erhitzen. Die Zwiebelwürfel hineingeben und unter Rühren glasig braten. Erst dann den gewürfelten Knoblauch untermischen und etwa ½ Minute mitschmoren lassen.

• Danach die Paprikastreifen untermischen und nach weiteren 5 Minuten die Zucchinischeiben. Diese 1–2 Minuten unter Wenden braten und zum Schluß die Tomaten hinzufügen. Ebenfalls 1–2 Minuten braten, dann den Topf vom Herd nehmen.
• Den Backofen auf 220° vorheizen. Die Kräuter unter kaltem Wasser abspülen und trockenschwenken. Die Petersilie feinhacken, von 2 Thymianzweigen die Blättchen abzupfen, ein paar Rosmarinnadeln abpflücken und die Salbeiblätter in Streifen schneiden. Alle zerkleinerten Kräuter unter das Gemüse mischen.

• Den Seeteufel kalt abspülen, trockentupfen und häuten. Dazu die Haut mit einem scharfen Messer entlang der Mittelgräte ablösen und nach hinten abziehen.

• Mit einem scharfen Messer die Filets entlang der großen Mittelgräte ablösen. Dazu das Messer parallel zur Gräte und so dicht wie möglich an ihr entlang führen und auf diese Weise das Fleisch vom Kopf- zum Schwanzende hin ablösen.
• Die Filets mit den Knoblauchstiften spikken, mit Salz und Pfeffer würzen und mit dem Zitronensaft beträufeln.
• Den Boden einer Kasserolle mit den gebratenen Auberginenscheiben belegen und den Fisch daraufgeben. Den restlichen Thymian und Rosmarin zusammen mit den Lorbeerblättern darauf verteilen und mit der Gemüsemischung bedecken. Diese dabei mit Salz und Pfeffer würzen.

• Den Wein von der Seite her angießen und alles mit dem restlichen Öl beträufeln. Den Topf schließen und im heißen Backofen auf die untere Schiene stellen. Das Gericht in etwa 40 Minuten garen.
• Zwischenzeitlich das Basilikum abspülen, trockenschwenken und zerpflücken. Den Seeteufel anrichten und mit dem Basilikum garniert sofort servieren.

Das paßt dazu: frisches Stangenweißbrot

Fisch, im Backofen gegart, umgeben von einer schützenden und zugleich würzenden Schicht aus Sommergemüse und vielen duftenden Kräutern, bleibt saftig und zart. Schmoren Sie ihn am besten in einem hübschen ofenfesten Topf, in dem Sie ihn auch gleich dampfend-heiß zu Tisch bringen können. Wenn Sie bei Ihrem Händler keinen Seeteufel bekommen, so verwenden Sie einen anderen festfleischigen Fisch, wie zum Beispiel Lachsforelle, Knurrhahn, Rascasse (Drachenkopf) oder Dorade, oder auch Goldbarsch, Merlan oder Meerbrasse.

Heringsfilets Hausfrauen-Art

Ein köstlich-deftiges Essen, das nicht nur Männern schmeckt

Hering, früher ein Arme-Leute-Essen, ist mittlerweile zu einer echten Delikatesse avanciert. Beliebt ist vor allem der Matjes, ein noch nicht geschlechtsreifer Hering, der frisch nur im Frühsommer auf den Markt kommt. Für dieses Rezept können Sie Filets von Matjes oder auch von den kräftigeren Salzheringen verwenden.

Für 6 Personen brauchen Sie:
12 Herings- oder Matjesfilets
3 Zwiebeln · ¼ l Wasser
¼ l Weinessig · 8 schwarze Pfefferkörner
1 Eßl. Senfkörner · 8 Pimentkörner
3 Gewürznelken · 2 Lorbeerblätter
4 Petersilienstengel
2 säuerliche Äpfel, etwa 300 g
1 Bund Schnittlauch · 100 g Sahne
200 g saure Sahne · 1 Prise Zucker
Salz · weißen Pfeffer, frisch gemahlen

Etwa 2350 Joule/560 Kalorien pro Person
Zubereitungszeit: etwa 45 Minuten
Marinierzeit: insgesamt 6 Stunden
Eventuelle Zeit zum Wässern: 6–8 Stunden

Die Heringsfilets in einer großen Schüssel mit so viel kaltem Wasser begießen, daß sie gut fingerhoch davon bedeckt sind und – je nach Salzgehalt – wässern. Das Wasser mehrfach erneuern und zwischendurch probieren, wie salzig es geworden ist. Auf diese Weise können Sie die Zeit exakt festlegen. Bei den milden Matjes ist das Wässern nicht nötig.

• Für die Marinade 1 Zwiebel schälen und in dünne Ringe hobeln. Das Wasser mit dem Essig, 6 Pfefferkörnern, den Senf- und Pimentkörnern sowie 2 Gewürznelken, 1 Lorbeerblatt und den abgespülten, trockengeschwenkten Petersilienstengeln aufkochen. Die Zwiebelringe untermischen und die Marinade zugedeckt bei schwacher Hitze etwa 1 Minute kochen lassen. Den Topf vom Herd nehmen und die Marinade vollkommen erkalten lassen.

• Die Fischfilets in 3–4 cm breite Stücke schneiden, mit der Marinade übergießen und zugedeckt 6 Stunden kühl marinieren.

• Die restlichen Zwiebeln und die Äpfel schälen. Die Zwiebeln in dünne Ringe hobeln, die Äpfel entkernen und in kleine Schnitze teilen. Diese mit etwas Marinade beschöpfen, damit sie nicht braun werden.

• Den Schnittlauch abspülen, trockenschwenken und mit einem scharfen Messer in feine Röllchen schneiden. Je feiner sie werden, desto besser kann der Schnittlauch sein Aroma entfalten.

• Die Sahne mit der sauren Sahne verrühren und mit den restlichen Pfefferkörnern, Gewürznelke, dem Zucker, Salz und Pfeffer pikant abschmecken. Die Schnittlauchröllchen daruntermischen.

• Die Herings- oder Matjesfilets aus der Marinade nehmen und abtropfen lassen, die Apfelschnitze ebenfalls abtropfen lassen.

• Die Heringsstücke abwechselnd mit den Zwiebelringen und Apfelschnitzen in eine flache Form schichten und dabei zwischen alle Lagen etwas Sauce verteilen. Das Lorbeerblatt darauflegen und alles mit der restlichen Sauce überziehen.

• Die Form zugedeckt für etwa 2 Stunden an einen kühlen Platz, jedoch möglichst nicht in den Kühlschrank stellen.

Das paßt dazu: Pellkartoffeln, Bratkartoffeln oder dunkles Brot mit Butter

Fisch in Folie

Ideal für liebe Gäste

Nur knapp 1 Stunde brauchen Sie, um dieses köstliche Gericht zuzubereiten. Selbstverständlich können Sie dazu außer Schellfisch auch beliebige andere Fische verwenden, wobei sich Kabeljau, Lachsforelle, Seewolf und Seeteufel ganz besonders gut eignen.

Für 6 Personen brauchen Sie:
1 küchenfertigen Schellfisch von 1,5 kg
Salz · weißen Pfeffer, frisch gemahlen
Saft von ½ Zitrone · 1 Schalotte
1 Knoblauchzehe · 2 Möhren
2 Stangen Lauch · 1 Fenchelknolle
1 Eßl. Butter · 2 Zweige Dill
½ Bund Petersilie · 3 Eßl. Sherry (Medium)
300 g Crème fraîche · 1 Bund Schnittlauch

Etwa 2930 Joule/700 Kalorien pro Person
Zubereitungszeit: etwa 50 Minuten

Die Flossen abschneiden. Den Fisch abspülen, abtrocknen und mit Salz, Pfeffer und Zitronensaft würzen.
- Die Schalotte und die Knoblauchzehe schälen und feinwürfeln. Die Möhren schaben und in Scheiben schneiden. Den Lauch putzen und in Ringe teilen. Das Fenchelgrün beiseite legen, die Knolle in Streifen schneiden.
- Die Butter erhitzen, das Gemüse darin andünsten und dann auf ein großes Blatt extrastarke Alufolie geben. Den Fisch mit Dill, Petersilienzweig und dem Fenchelgrün füllen und auf das Gemüse legen.
- Den Backofen auf 220° vorheizen.
- Die übrige Petersilie hacken, mit dem Sherry und der Hälfte der Crème fraîche verrühren und über den Fisch gießen.

- Die Folie darüberschlagen, an den Rändern zusammenfalzen und dabei zusätzlich zwei- bis dreimal nach oben einrollen.
- Das Päckchen auf dem Bratenrost auf die mittlere Schiene des Ofens schieben und den Fisch in etwa 30 Minuten garen.
- Die Sauce in einen Topf gießen und den Fisch warm stellen.
- Die Sauce mit der restlichen Crème fraîche cremig einkochen, den feingeschnittenen Schnittlauch untermischen und zum Fisch reichen.

Das paßt dazu: Neue Kartoffeln oder auch Stangenweißbrot

Schweinebraten mit Kruste

Gelingt auch Anfängern problemlos

Für 4 Personen brauchen Sie:
1 kg Schweinefleisch mit Schwarte
etwa ¾ l kochendes Wasser
300 g beliebige Knochen, vom Metzger in kurze Stücke gesägt
2 Zwiebeln · 1 Möhre
1 Stückchen Knollensellerie (etwa 80 g)
3 Tomaten · 2 Knoblauchzehen
1 Teel. Kümmel · 1 Lorbeerblatt · Salz
1 Teel. schwarzen Pfeffer, grob geschrotet
1 Teel. Tomatenmark · 1 Teel. Speisestärke

Etwa 3265 Joule/780 Kalorien pro Person
Zubereitungszeit: etwa 3 Stunden

Achten Sie beim Einkauf darauf, daß die Fettschicht zwischen Fleisch und Schwarte nicht zu dick ist, sondern sich gleichmäßig, etwa halbfingerdick, über die gesamte Fläche zieht. Bei einem solchen Stück können Sie davon ausgehen, daß es von einem vernünftig gefütterten Tier stammt, gut schmeckt und beim Braten nicht einen Großteil seines Gewichtes als Wasser verliert.
• Den Backofen auf 250° vorheizen.

• Die Schwarte rautenförmig einschneiden und dabei nur die Fettschicht, nicht das Fleisch durchtrennen.
• Das Fleisch mit der Fettseite nach unten in den Bräter legen und etwa ⅛ l kochendes Wasser angießen. Auf die untere Schiene des vorgeheizten Ofens schieben und etwa 15 Minuten braten lassen, bis das Wasser verdampft und ein Teil des Fettes ausgetreten ist.
• In der Zwischenzeit die Knochen abspülen und abtrocknen. Die Zwiebeln, die Möhren und den Sellerie putzen, waschen und grobwürfeln. Die Tomaten waschen und zerschneiden, dabei den Stielansatz entfernen. Die Knoblauchzehen schälen und halbieren.
• Den Schweinebraten umdrehen und die Knochen in den Bräter geben. In 10–15 Minuten leicht anbräunen.

• Das vorbereitete Gemüse sowie den Kümmel, das Lorbeerblatt, Salz und Pfeffer hinzufügen und das Gemüse ebenfalls unter Wenden in etwa 10 Minuten Farbe nehmen lassen. Zum Wenden schiebt man dabei Knochen und Gemüse ganz einfach mehrmals mit einem flachen Holzspatel hin und her, damit sich alle Zutaten mischen und jeweils wieder andere Schnittkanten oben liegen.
• Anschließend das Tomatenmark einrühren, kurz anschwitzen lassen und den sich zwischenzeitlich gebildeten Bratfond mit etwa ½ Tasse Wasser loskochen. Dabei mit dem Spatel sämtliche Röststoffe vom Boden ablösen.
• Sobald diese Flüssigkeit wieder eingekocht ist, den Vorgang mit derselben Wassermenge wiederholen und ebenfalls einkochen.
• Erst dann das restliche Wasser von der Seite her angießen und den Braten auf der unteren Schiene des Ofens bei etwa 220° fertiggaren. Dabei hin und wieder mit dem Bratfond begießen und, wenn nötig, vom Rand her noch etwas Wasser (oder auch Brühe) dazugießen.
• Den fertigen Braten in Alufolie wickeln und im abgeschalteten Ofen warm stellen.

• Den Bratfond durch ein Spitzsieb – ersatzweise ein normales Küchensieb – in einen Topf oder eine Stielkasserolle gießen und dabei die Gemüsestücke mit dem Spatel ein wenig ausdrücken. Den Topf auf den Herd stellen und den Fond bei starker Hitze ohne Deckel einkochen lassen.

• Die Speisestärke mit etwas kaltem Wasser verquirlen und unter ständigem Rühren in die Sauce gießen. Unter weiterem Rühren kräftig aufkochen lassen und mit Salz und Pfeffer abschmecken.
• Das Fleisch quer zur Faser in Scheiben schneiden, das heißt, daß Sie auf der abgeschnittenen Scheibe niemals parallellaufende Fasern, sondern immer nur den Querschnitt dieser feinen Stränge erkennen dürfen.
• Diese Scheiben nun auf einer vorgewärmten Platte anrichten und nach Wunsch mit etwas Sauce um- (jedoch nicht über)gießen und mit den Beilagen oder, wenn Sie mögen, auch mit dem mitgegarten Gemüse umlegen. Die Sauce getrennt zum Braten servieren.

Das paßt dazu: Kartoffelklöße und Rotkohl oder Krautsalat, Salzkartoffeln und grüner Salat oder auch edlere Gemüse wie Blumenkohl, Rosenkohl oder Broccoli

Variante: Schinkenbraten

Er wird am besten aus einem ganzen kleinen gekochten Schinken für 8–10 Personen zubereitet. Die Schwarte des Schinkens (etwa 2,5 kg) rautenförmig einschneiden und mit Nelken spicken. Den Schinken mit Wasser (eventuell mit Weißwein gemischt) in den auf 200–220° vorgeheizten Ofen schieben und etwa 1 Stunde garen lassen. Das Fleisch nach der halben Garzeit mehrfach mit einer Glasur aus Honig, Orangensaft, Paprika, Ingwer, Curry und Cognac oder aus Apfelgelee, Portwein, Senf, Zimt und Nelkenpfeffer bestreichen.

Nach wie vor gilt Schweinebraten als der Deutschen liebstes Fleisch. Das herzhafte Aroma ist ebenso beliebt wie die knusprige Kruste und nicht zuletzt die gute Sauce. Die einen würzen den Braten mit Wein, die anderen verfeinern die Sauce mit Sahne. In diesem Rezept, das leicht bayerisch angehaucht ist, wird die kräftige Sauce durch zusätzlich beigefügte Knochen garantiert. Sehr zarte und magere Braten liefern Stücke aus der Keule (Ober- und Unterschale), etwas fettreichere, dafür aber äußerst saftige und würzige die Schulter. Da diese Stücke nicht immer mit Schwarte angeboten werden, müssen Sie eventuell vorbestellen.

Schweinefilet in Blätterteig

Das köstliche Ergebnis lohnt den Zeitaufwand

Für 4 Personen brauchen Sie:
450 g tiefgefrorenen Blätterteig
2 Schweinefilets von je ca. 350 g,
aus der Mitte geschnitten
1 Eßl. Öl · 1 Eßl. Butter · Salz
schwarzen Pfeffer, frisch gemahlen
1 Schalotte · 1 Knoblauchzehe
400 g Egerlinge oder Champignons
100 g Petersilie, Estragon und
Kerbel, gemischt · 2 Zweige Thymian
⅛ l Sahne oder Crème fraîche
weißen Pfeffer, frisch gemahlen
Mehl zum Ausrollen · 1 Ei
100 g gekochten Schinken in dünnen
Scheiben · 2 Eigelb zum Bestreichen

Etwa 4180 Joule/1000 Kalorien pro Person
Zubereitungszeit: etwa 1¼ Stunden
Auftauzeit: etwa 2 Stunden
Kühlzeit: 30 Minuten

Die Blätterteigplatten aus der Packung nehmen, voneinander lösen und bei Zimmertemperatur auftauen lassen.
• Die Schweinefilets von allen Häuten und von Fett befreien und gut trockentupfen.
• Das Öl und die Butter in einer Pfanne erhitzen. Die Schweinefilets bei starker Hitze darin rundherum kräftig braun anbraten. Das Fleisch herausnehmen, mit Salz und schwarzem Pfeffer aus der Mühle bestreuen und erkalten lassen. Das Bratfett beiseite stellen.
• Die Schalotte und die Knoblauchzehe schälen und ganz fein würfeln. Die Pilze putzen, waschen und sehr fein hacken. Die Kräuter waschen und gut trockenschwenken. Die Thymianblättchen von den Stielen zupfen. Alle Kräuter fein zerkleinern.
• Die Schalotte und den Knoblauch im Bratfett der Filets anbraten, bis sie glasig sind. Die Pilze zugeben und so lange bei mittlerer Hitze unter Rühren braten, bis alle Flüssigkeit verdampft ist.
• Die Sahne oder die Crème fraîche nach und nach zugießen, dabei die Flüssigkeit bei starker Hitze immer wieder einkochen lassen, bis eine dicke, streichfähige Farce entstanden ist. Die Farce mit Salz und frisch gemahlenem weißem Pfeffer würzen, die Kräuter untermischen und alles lauwarm abkühlen lassen.
• Den Backofen auf 200° vorheizen.
• Die Arbeitsfläche und ein Nudelholz dünn mit Mehl bestäuben, damit der Teig beim Ausrollen nicht anklebt.
• Die Blätterteigplatten leicht mit kaltem Wasser bestreichen, übereinanderlegen und mit schwachem, aber gleichmäßigem Druck in alle Richtungen ausrollen. Dabei muß unbedingt darauf geachtet werden, daß die einzelnen Teig-Butter-Schichten nicht zerdrückt werden; sonst geht der

Blätterteig nicht auf. Vom Teig ein Stück für die Garnierung abschneiden und bis zur Verarbeitung in den Kühlschrank legen.
• Das Ei unter die Pilzfarce rühren. Die Farce in die Mitte der Teigplatte streichen. Die Schinkenscheiben nebeneinander auf die Pilzfarce legen; sie sollen sich an den Rändern überlappen.

• Die Schweinefilets so auf die Schinkenscheiben legen, daß die dünneren Enden gegengleich nebeneinander liegen.

• Die eine Längsseite der Teigplatte so über das Fleisch schlagen, daß es von dem Schinken und der Farce umhüllt ist. Mit dem etwas verschlagenen Eigelb bestreichen. Die schmalen Seiten nach innen einschlagen. Ebenfalls mit Eigelb bestreichen. Die andere Längsseite darüberklappen und etwas andrücken.
• Das »Paket« vorsichtig umdrehen und für 30 Minuten in den Kühlschrank legen. Der Blätterteig, durch das Verarbeiten warm geworden, muß vor dem Backen einige Zeit kühl ruhen, damit er später schön knusprig und zart wird.

• Aus dem zurückbehaltenen Teigstück beliebige Motive ausstechen. Die Motive mit Eigelb auf das gekühlte Filet kleben und mit Eigelb bestreichen.

• Ein Backblech kalt abspülen. Das Filet mit einer Palette oder dem Pfannenwender auf das Blech gleiten lassen.
• Das Filet in den vorgeheizten Ofen auf die zweite Schiene von unten schieben und etwa 30 Minuten braten, dann weitere 10 Minuten im abgeschalteten Backofen ruhen lassen. Die Ofentür dabei halb öffnen, damit das Filet nicht zu stark nachgart.
• Das Schweinefilet in etwa 2 cm dicke Scheiben teilen. Das geht am besten, wenn Sie zuerst die Blätterteighülle mit einem scharfen Messer mit Wellenschliff durchtrennen und das Fleisch dann mit dem Tranchiermesser in Scheiben schneiden.

Das paßt dazu: junge Gemüse oder Salat

Nach dem Herzog von Wellington, der zusammen mit dem preußischen Feldmarschall Blücher bei Waterloo Napoleon besiegte, ist eines der berühmtesten Gerichte der klassischen französischen Küche benannt: zartes Rinderfilet, bestrichen mit einer aromatischen Pilzfarce, umhüllt von knusprigem Blätterteig. Wir stellen Ihnen eine preiswertere, doch ebenso schmackhafte Abwandlung vor. Kaufen Sie möglichst zwei gleich dicke Stücke Schweinefilet, damit das Fleisch gleichmäßig garen kann. Die Kräuter müssen in jedem Fall frisch sein. Wenn Sie Kerbel und Estragon nicht frisch bekommen, nehmen Sie am besten nur Petersilie.

Gefüllte Koteletts

Einfach in der Zubereitung, raffiniert im Geschmack

Für 4 Personen brauchen Sie:
- 4 Schweinekoteletts von je 2–3 cm Dicke
- weißen Pfeffer, frisch gemahlen
- 3 vollreife, nicht zu weiche Birnen
- 2 Teel. Zitronensaft · 150 g Roquefort
- 4 Eßl. Cognac oder Birnengeist
- 2 Eßl. grünen Pfeffer · 2 Eßl. Öl
- 20 g Butter · Salz
- ⅛ l trockenen Weißwein · ⅛ l Sahne
- Cayennepfeffer · 1 Prise Zucker

Etwa 3765 Joule/900 Kalorien pro Person
Zubereitungszeit: etwa 30 Minuten

Die Koteletts mit einem feuchten Tuch gründlich abwischen, um sämtliche Knochenreste zu entfernen.

• Die Koteletts mit einem sehr scharfen Messer an den knochenlosen Seiten auf halber Höhe einritzen und dann mit gleichmäßigem Druck bis kurz vor die Knochen einschneiden. Die Taschen innen leicht pfeffern.
• Die Birnen schälen, entkernen und in feine Schnitze teilen. Sofort mit etwas Zitronensaft beträufeln, damit sie sich nicht braun verfärben.

• Etwa 100 g Roquefort in kleine Stückchen geteilt in eine Schüssel geben und mit einer Gabel sorgfältig zerdrücken. Dabei nach und nach ein paar Tropfen Cognac oder Birnengeist zufügen und alles zu einer geschmeidigen, aber nicht zu weichen Masse verarbeiten. Den grünen Pfeffer zusammen mit den Birnenschnitzen untermischen.
• Einen Teil dieser Füllung in die Taschen geben und diese jeweils mit zwei Holzspießchen zustecken. Dabei sollten die Spieße möglichst durch die Fettschichten und nicht durch die Fasern gesteckt werden.

• Eine Pfanne erhitzen und erst dann das Öl darin heiß werden lassen. Sobald auch dieses heiß geworden ist, die Butter darin zerlaufen lassen und die Koteletts nebeneinander hineinlegen.
• Die Koteletts bei mittlerer Hitze auf jeder Seite etwa 4 Minuten braten, dann herausnehmen, salzen und pfeffern und auf einer vorgewärmten Platte warm stellen.

• Den Bratfond und den Käse, der durch die Hitze teilweise aus den Fleischtaschen herausgeflossen ist, mit dem restlichen Zitronensaft und dem Weißwein lösen. Dabei mit einem Spatel ständig über den Pfannenboden schaben und die gelösten Stoffe mit der kochenden Flüssigkeit vermischen. Sobald keine Bratrückstände mehr zu sehen sind, die Sahne zugießen und unter weiterem Rühren etwas einkochen lassen.
• Die restliche Käse-Birnenmischung hinzugeben und unter Rühren einkochen lassen, bis die Sauce in einem dicken, samtigen Strahl vom Löffel fließt.

• Den restlichen Roquefort zerbröseln und in der Sauce unter Rühren auflösen. Diese dann mit Salz, Pfeffer, Cayennepfeffer, dem Zucker und dem restlichen Cognac oder Birnengeist abschmecken.
• Die Koteletts anrichten und mit der Sauce umgossen sofort servieren.

Das paßt dazu: Grüner Salat und Stangenweißbrot oder Petersilienkartoffeln

Variante: Gefüllte Koteletts Cordon bleu

Variante: Gefüllte Koteletts Cordon bleu
In die Koteletts jeweils eine Tasche schneiden und mit je einer Scheibe gekochtem Schinken und Schweizer Emmentaler oder Gruyère füllen. Die Taschen wieder zusammenstecken und die Koteletts salzen, pfeffern und in Mehl wenden. Dieses gut andrücken. 1 Ei mit 1–2 Eßlöffeln Milch, Sahne oder auch Wasser verquirlen, die mehlierten Koteletts kurz hineinlegen und anschließend in Semmelbröseln wenden. Auch diese Schicht gut andrücken und die Koteletts in heißer Butter oder in Butter-Öl-Gemisch braten.

Variante: Kalbsschnitzel Cordon bleu

Variante: Kalbsschnitzel Cordon bleu
Für diese beliebten »Klassiker« können Sie ebenfalls eine Tasche in die Kalbsschnitzel schneiden, doch ist es einfacher, pro Person 2 kleine, dünne Schnitzel zu kaufen. Diese mit dem Handballen so flach wie möglich klopfen und je zwei mit Schinken und Käse zusammenlegen. Mit Spießchen zusammenstecken, würzen, in Mehl, Ei und Semmelbröseln panieren und in Butter braten. Nach Wunsch mit Zitronenschnitzen servieren.

Schweinekoteletts gehören bei uns zu den beliebtesten Fleischgerichten, wofür es viele Gründe gibt: Sie sind relativ mager, durch den Knochenanteil würzig im Geschmack, verlangen nur kurze Garzeiten und sind – das ist sicherlich auch wichtig – einigermaßen preiswert. Außerdem kann man sie vielseitig zubereiten. Sie schmecken »natur« gebraten (nur mit Salz, Pfeffer und vielleicht etwas Zitronensaft gewürzt) ebensogut wie paniert, man kann sie mit verschiedenen Saucen anrichten, und sie lassen sich füllen. Außerdem schmecken sie, ohne Sauce, auch kalt noch ausgezeichnet, mit Brot und Senf oder geriebenem Meerrettich.

Gulasch halb und halb

Belegt in der Liste der beliebtesten Gerichte einen der ersten Plätze

Für 6 Personen brauchen Sie:
600 g Rindfleisch (Keule oder Fehlrippe)
600 g Schweinefleisch (Keule oder Schulter)
600 g Zwiebeln · 2 Knoblauchzehen
40 g Schweineschmalz
4 Eßl. Paprikapulver edelsüß
3–4 Eßl. Paprikapulver rosenscharf
etwa ¾ l Wasser · Salz
schwarzen Pfeffer, frisch gemahlen
4 Zweige Majoran · 2 Zweige Thymian
1–2 Lorbeerblätter · ½ Teel. Kümmel
nach Wunsch 1–2 getrocknete Pfefferschoten
4 Tomaten · 1 große grüne Paprikaschote
1 große rote Paprikaschote
1 Dose Tomatenmark (70 g)
⅛ l kräftigen trockenen Rotwein
Cayennepfeffer · 1 Prise Zucker

Etwa 4060 Joule/970 Kalorien pro Person
Zubereitungszeit: etwa 3½ Stunden

Das Fleisch mit einem feuchten Tuch abwischen und mit Haushaltspapier gründlich trockentupfen.

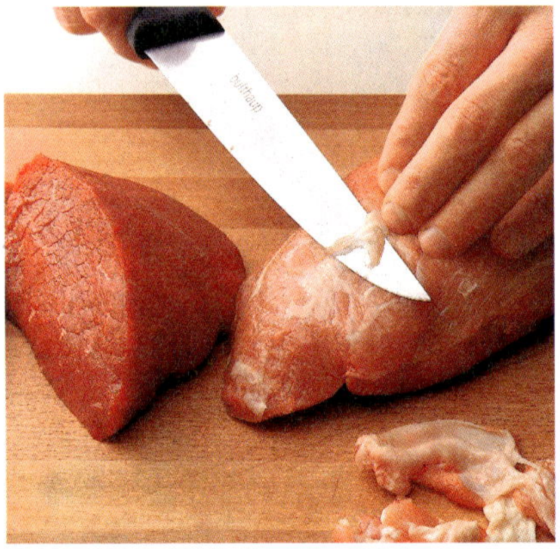

• Das Rind- und Schweinefleisch von sämtlichen Fettresten befreien und diese feinwürfeln, damit sie ausgebraten werden können. Das schiere Fleisch danach in etwa 2 cm große Stücke schneiden.
• Die Zwiebeln und die Knoblauchzehen schälen. Die Zwiebeln grob-, den Knoblauch feinwürfeln.
• Die gewürfelten Fettreste in einem großen Schmortopf ausbraten, herausnehmen und 1 Eßlöffel Schmalz im Topf erhitzen.
• Portionsweise Fleischwürfel in den Topf geben und unter häufigem Wenden rundherum braun werden lassen. Halten Sie die Mengen stets so gering, daß die Fleischwürfel sofort bräunen, das heißt, daß sich die Fleischporen sofort schließen können und nicht etwa der Fleischsaft auskocht. Ist letzteres der Fall, laugt das Fleisch aus, verliert an Geschmack und wird zäh.

• Das Fleisch herausheben und in einem Sieb mit einer Schüssel darunter beiseite stellen. Erneut etwas Schmalz im Topf erhitzen und die nächste Fleischportion anbraten. Das jeweilige Herausnehmen der Fleischwürfel verhindert, daß sie durch zu langes Braten hart und trocken werden, das Aufbewahren im Sieb sorgt dafür, daß der Fleischsaft aufgefangen wird, ohne daß die Fasern erneut Feuchtigkeit aufnehmen.
• Wenn die gesamte Fleischmenge angebraten ist, das restliche Schmalz im Topf erhitzen und die Zwiebeln mit dem Knoblauch (den Sie auch ein paar Minuten später zugeben können, damit er nicht verbrennt) darin glasig braten.

• Das Fleisch wieder zugeben und unter Rühren erhitzen. Dann mit beiden Paprikasorten bestreuen und unter Rühren durchschwitzen, aber nicht zu heiß werden lassen. Paprikapulver schmeckt bitter, wenn es verbrennt.
• Das Wasser und den aufgefangenen Fleischsaft angießen, mit Salz, Pfeffer, den abgespülten Majoran- und Thymianzweigen, den Lorbeerblättern und dem Kümmel würzen und die Hitze reduzieren.
• Wollen Sie getrocknete Pfefferschoten zugeben, sollten Sie diese vorsichtshalber entkernen, damit Ihr Gulasch nicht zu scharf wird. Sie werden ebenfalls jetzt untergemischt.

• Das Gulasch zugedeckt etwa 2½ Stunden schmoren lassen – es dürfen nur kleine Bläschen an die Oberfläche steigen.

• Nun die Tomaten kreuzweise einritzen, in eine Schüssel legen, mit kochendem Wasser überbrühen und 1–2 Minuten darin liegen lassen. Herausnehmen, kalt abschrekken und häuten. Die Tomaten vierteln, die Stielansätze und Kerne entfernen und das Fruchtfleisch grobwürfeln.

• Die Paprikaschoten längs halbieren und von Stielansätzen, Trennwänden und Kernen befreien. Die Hälften längs vierteln und in schmale Streifen schneiden.
• Nach Ende der Garzeit die Tomaten- und Paprikastücke zum Gulasch geben. Das Tomatenmark mit dem Wein verrühren und untermischen. Ohne Deckel noch etwa 30 Minuten bei schwacher Hitze köcheln lassen und mit Cayennepfeffer, Zucker und Salz abschmecken.

Das paßt dazu: Spätzle, Salzkartoffeln oder Weißbrot und grüne Salate

Variante: Szegediner Gulasch

Es wird aus magerem Schweinefleisch zubereitet und mit grobgehacktem Sauerkraut (gleiche Menge wie Fleisch) vermischt. Kurz vor dem Anrichten wird noch saure Sahne hineingerührt.

Beim Gulasch kann man eigentlich nichts falsch machen, denn »das« Rezept für ein gutes Gulasch gibt es nicht. Allein die klassische Küche kennt mehr als 20 Varianten. Da gibt es Rezepturen, die ausschließlich Rind-, Schwein-, Kalb- oder Lammfleisch vorschreiben, andere, die alle Fleischsorten mischen. Selbst Gulasch von Wild oder Fisch ist nicht unbekannt. Wen wundert's, denn Gulasch war in Ungarn, seinem Ursprungsland, ein Gericht »für alle Tage«, das stets mit den Produkten zubereitet wurde, die die Natur gerade bot. Nur Zwiebeln, Knoblauch und Gewürzpaprika, Zutaten, die lagerfähig und immer greifbar waren, gehörten in jedem Fall dazu.

Geschmorte Rinderrouladen

Auf die richtige Füllung kommt es an

Für 4 Personen brauchen Sie:
100 g fetten Speck · 1 Zwiebel
2 Essiggurken (ca. 100 g)
4 Rinderrouladen à 150 g
2 Teel. scharfen Senf · Salz
schwarzen Pfeffer, frisch gemahlen
2 Eßl. geschmacksneutrales Öl
⅜ l Fleischbrühe
1 Becher Crème fraîche (200 g)

Etwa 2833 Joule/670 Kalorien pro Person
Zubereitungszeit: etwa 2 Stunden

Den Speck für 30 Minuten in den Kühlschrank legen, damit er kalt ist und sich gut schneiden läßt. Die Zwiebel schälen. Die Essiggurken trockentupfen.

• Den Speck mit einem scharfen Messer längs in Scheiben, dann in Streifen schneiden. Die Zwiebel halbieren und vom Wurzelansatz her in feine Segmente teilen. Die Essiggurken ebenfalls zuerst in Scheiben, dann in Streifen schneiden.

• Die Rinderrouladen mit Küchenpapier trockentupfen und mit dem Handballen flachdrücken. Verwenden Sie keinen Fleischklopfer. Starkes Klopfen zerstört die zarten Fleischfasern.

• Die Rouladen dünn mit Senf bestreichen und mit Salz und Pfeffer bestreuen. Den Speck, die Zwiebeln und die Essiggurken gleichmäßig auf den Rouladenscheiben verteilen. Die Rouladen von der schmalen Seite her aufrollen, dabei die Längsseiten nach innen einschlagen, damit die Füllung beim Schmoren nicht austreten kann.

• Je eine Rouladennadel quer durch die beiden oberen Fleischschichten stecken. Sie können die Rouladen auch mit Küchengarn wie Päckchen umbinden. Die Rouladen noch einmal mit Salz bestreuen und mit Pfeffer übermahlen.

• Das Öl in einem Schmortopf, der so groß sein sollte, daß alle Rouladen nebeneinander Platz haben, stark erhitzen. Die Rouladen rundherum kräftig darin anbraten, so daß sich eine braune Kruste bildet. Die Fleischsäfte können dann während des Schmorens nicht austreten, und die Rouladen bleiben zart und saftig.

• Die Fleischbrühe am Rand dazugießen. Dabei den Bratfond mit einem Holzlöffel unter Rühren lösen. Den Topf zudecken und die Rouladen bei schwacher Hitze et-

wa 90 Minuten langsam schmoren. Die Flüssigkeit soll leise köcheln, niemals stark brodeln, sonst wird das Fleisch hart und trocken. Die Rouladen herausheben, die Nadeln bzw. das Küchengarn entfernen und die Rouladen warm halten.

• Die Schmorflüssigkeit zum Kochen bringen und die Crème fraîche mit einem

Schneebesen einrühren. Die Sauce jetzt unter ständigem Rühren bei mittlerer Hitze einkochen lassen, damit sie die nötige Bindung bekommt.

• Die Sauce über die Rouladen gießen und das Gericht servieren.

Das paßt dazu: Salzkartoffeln oder Spätzle und Gemüse

Variante: Rinderrouladen mit Schafkäse

4 Rinderrouladen à 150 g vorbereiten und 2 Knoblauchzehen schälen und in dünne Scheiben schneiden, 150 g Schafkäse zerbröckeln, 50 g geschälte Pistazien grobhacken. 50 g Korinthen waschen und in einem Küchentuch trockenreiben. Alle diese Zutaten gleichmäßig auf den Fleischscheiben verteilen. Jeweils 2 entkernte, schwarze Oliven auf jede Roulade legen. Die Fleischscheiben zu Rouladen rollen und in 2 Eßlöffeln Öl rundherum kräftig anbraten. Den Bratfond mit ¼ l trockenem Rotwein und ⅛ l Wasser unter Rühren loskochen. 1 Teelöffel Thymianblättchen hinzufügen und die Rouladen 90 Minuten schmoren.

Variante: Kalbsvögerl

4 dünne Kalbsschnitzel von je etwa 100 g flachdrücken. Mit schwarzem Pfeffer bestreuen und dünn mit Kräutersenf bestreichen. Je 1 Scheibe rohen Schinken und 1 hartgekochtes geschältes Ei auf die Schnitzel legen. Schnitzel wie Rouladen zusammenrollen. In 1 Eßlöffel Mehl wenden und in einer Mischung aus 1 Eßlöffel Butter und 1 Eßlöffel Öl rundherum anbraten. Den Bratfond mit ¼ l heißer Fleischbrühe und ⅛ l trockenem Weißwein loskochen. Die Kalbsvögerl bei schwacher Hitze zugedeckt 25 Minuten schmoren, mit Zitronensaft, Kapern und Kräutersenf abschmekken.

Würzige Rouladen zählen zu den beliebtesten Gerichten deutscher Hausmannskost. Die Füllung sollte grundsätzlich Fett, beispielsweise Speck, Schinken oder Käse enthalten, damit das magere Fleisch saftig bleibt. Geeignet zum Rollen ist jedoch nicht nur Rind-, sondern auch Kalbfleisch, Schwein und Puter. Gute Rouladen sind mager und sehnenfrei. Zuviel Bindegewebe läßt das Fleisch beim Schmoren »reißen«. Wählen Sie also Unter- oder Oberschale beim Rind, Hüfte oder Kugel für Kalbsrouladen und Keule für Schweineröllchen.

Tournedos in Morchelsahne

Ein erlesenes Gericht, das nicht viel Mühe macht

Tournedos werden aus dem dünneren Teil des Filets geschnitten und sind etwas kleiner als Filetsteaks. Spitzmorcheln, neben Trüffeln die feinsten aller Pilze und deshalb etwas teurer, erhalten Sie getrocknet in Feinkostgeschäften. Stattdessen können Sie aber auch getrocknete Steinpilze verwenden.

Für 4 Personen brauchen Sie:

- 2 Päckchen getrocknete Spitzmorcheln von je etwa 10 g · ¼ l Wasser
- 8 Tournedos von je etwa 80 g
- 2 Schalotten
- 2 Eßl. geschmacksneutrales Öl
- 40 g Butter · 1 Glas Cognac (2 cl)
- 2–3 Eßl. trockenen Weißwein
- 1 Becher Crème fraîche (200 g)
- ½ Eßl. kalte Butter
- 1 gehäuften Eßl. geschlagene Sahne · Salz
- weißen Pfeffer, frisch gemahlen

Etwa 2010 Joule/480 Kalorien pro Person
Zubereitungszeit: etwa 30 Minuten
Einweichzeit: 6 Stunden

Die getrockneten Spitzmorcheln mit dem Wasser übergießen und zugedeckt 6 Stunden einweichen.

• Die Pilze aus dem Wasser nehmen, auf ein Sieb geben und unter fließendem kaltem Wasser gründlich von allen Seiten abspülen, um den Sand aus den Hutkammern zu entfernen.

• Das Einweichwasser der Pilze durch einen Kaffeefilter gießen, um den Sand aufzufangen. Das Wasser für die Sauce beiseite

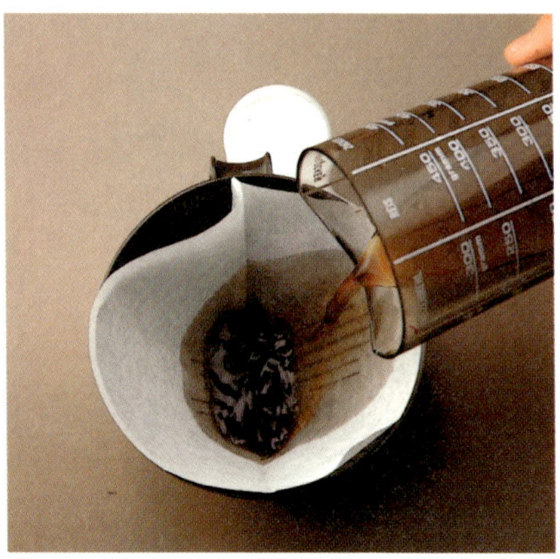

stellen. Waschen Sie die Pilze nie vor dem Einweichen, denn dadurch würde ein Teil ihres Aromas verlorengehen.

• Die Tournedos mit Küchengarn umbinden, damit sie beim Braten ihre runde Form behalten. Die Schalotten schälen und ganz fein würfeln.

• Das Öl in einer Pfanne stark erhitzen. Die Temperatur zurückschalten und 1 Eßlöffel der Butter dazugeben. Die Butter bei mittlerer Hitze zerlassen, aber nicht bräunen.

• Die Tournedos im Öl-Butter-Gemisch von beiden Seiten insgesamt 3–4 Minuten braten, je nachdem, ob sie innen blutig oder rosa sein sollen. Die Tournedos aus der Pfanne nehmen, das Küchengarn entfernen und die Tournedos in Alufolie gewikkelt warm stellen.

• Das Bratfett bis auf einen dünnen Film aus der Pfanne gießen. Die restliche Butter zugeben und erhitzen. Die Schalotten bei mittlerer Hitze darin unter Rühren glasig braten. Die Morcheln zugeben und 1 Minute unter ständigem Wenden braten.

• Den Cognac und den Wein in die Pfanne gießen und den Bratfond mit einem Holzlöffel vom Pfannenboden lösen. Die Temperatur auf die stärkste Stufe stellen. Abwechselnd das Einweichwasser der Pilze und die Crème fraîche nach und nach hinzufügen. Die Sauce dabei unter ständigem Rühren immer wieder einkochen lassen, bis sie sämig und dickflüssig ist.

• Die kalte Butter in Flöckchen teilen und mit dem Schneebesen unter die Sauce schlagen. Die geschlagene Sahne einrühren. Die Sauce mit Salz und Pfeffer abschmecken.

• Die Tournedos aus der Folie nehmen, auf vier vorgewärmten Tellern anrichten und mit der Morchelsahne umgießen.

Das paßt dazu: körnig gekochter Reis

Rumpsteaks mit Tomatensauce

Für alle, die wenig Zeit haben und trotzdem gut essen wollen

Rumpsteaks werden 1 bis 1½ cm dick aus dem Roastbeef geschnitten. Gutes Fleisch, das auch beim Braten saftig bleibt, sollte marmoriert, das heißt, von dünnen Fettadern durchzogen sein und am Rand eine etwa fingerdicke Fett-Sehnenschicht haben. Auch Rumpsteaks schmecken am besten blutig oder rosa gebraten.

Für 4 Personen brauchen Sie:
750 g reife Fleischtomaten
1 große Zwiebel · 4 Knoblauchzehen
4 Rumpsteaks von je etwa 180 g
2 Eßl. Olivenöl · Salz
schwarzen Pfeffer, frisch gemahlen
1 Eßl. Kapern
½ Teel. getrockneten Oregano

Etwa 2150 Joule/520 Kalorien pro Person
Zubereitungszeit: etwa 30 Minuten

Die Tomaten mit kochendem Wasser überbrühen, kurz ziehen lassen, abschrecken, enthäuten, von Stielansätzen und Kernen befreien und in Würfel schneiden. Die Zwiebel und die Knoblauchzehen schälen und feinwürfeln.

• Die Rumpsteaks mit Küchenpapier trockentupfen. Die Fett-Sehnenschicht in Abständen von etwa 2 cm so tief einschneiden, daß die Haut durchtrennt ist, die zwischen Muskeln und Fett liegt. Diese Haut zieht sich bei Hitzeeinwirkung zusammen, wodurch sich die Steaks beim Braten wölben.

• Das Olivenöl in einer schweren Pfanne erhitzen. Die Rumpsteaks bei starker Hitze pro Seite etwa 1 Minute braten.

• Die Temperatur reduzieren und die Rumpsteaks bei mittlerer Hitze auf jeder Seite noch einmal je nach gewünschtem Gargrad 3–5 Minuten braten. Die Steaks aus der Pfanne nehmen, mit Salz und Pfeffer bestreuen und auf vorgewärmten Tellern warm halten.

• Die Zwiebel und den Knoblauch im Bratfett der Steaks glasig braten. Die Tomaten zugeben und zugedeckt bei mittlerer Hitze 5 Minuten köcheln lassen. Die Kapern und den Oregano untermischen und die Sauce mit Salz und Pfeffer abschmecken. Die Rumpsteaks mit der Sauce anrichten.

Das paßt dazu: frisches Stangenweißbrot

Roastbeef mit Sauce béarnaise

Edel fürs große Familienfest

Für 10 Personen brauchen Sie:
2 kg Roastbeef mit Fettschicht
schwarzen Pfeffer, frisch gemahlen
2 Schalotten · 4 weiße Pfefferkörner
15 g frische Estragon- und Kerbelstengel, gemischt · ¹⁄₁₀ l trockenen Weißwein
4 Eßl. Estragon-Weißweinessig
250 g Butter · 3 Eigelb
3 Eßl. heißes Wasser
1 Eßl. Estragonblättchen, frisch gehackt
1 Teel. Kerbelblättchen, frisch gehackt
Salz · Cayennepfeffer

Etwa 2512 Joule/600 Kalorien pro Person
Zubereitungszeit: etwa 1 Stunde

Das Roastbeef mit einem feuchten Tuch gründlich abreiben und gut trockentupfen; feuchtes Fleisch bildet beim Braten nicht rasch genug eine Kruste, wodurch der Fleischsaft herausläuft.

• Den Backofen auf 240° vorheizen.

• Die Hälfte der Fettschicht des Fleisches abschneiden. Die verbleibende Fettschicht mit einem scharfen Messer rautenförmig einritzen, ohne dabei die Fleischfasern zu verletzen. Das Fleisch von allen Seiten mit reichlich Pfeffer einreiben und 10 Minuten mit Alufolie bedeckt ruhen lassen.

• Das Fleischthermometer in die dickste Stelle des Roastbeefs stecken. Bei einem flachen Fleischstück führen Sie das Thermometer schräg zur Mitte hin ein; der Dorn muß möglichst vollkommen vom Fleisch umschlossen sein, sonst zeigt er die Backofentemperatur und nicht die Innentemperatur des Bratens an. Achten Sie auch darauf, daß Sie die Skala während des Bratens gut ablesen können. Das Fleisch mit der Fettseite nach oben auf den Bratenrost legen. Die Fettpfanne auf die untere Schiene des heißen Ofens schieben und den Bratenrost mit dem Fleisch unmittelbar darüber einschieben.

• Das Roastbeef 20 Minuten braten, dann die Hitze auf 200° zurückschalten. Das Fleisch in weiteren 20 bis 30 Minuten fertig-

braten. Wenn das Thermometer 45 Grad anzeigt, ist das Roastbeef innen blutig gegart, bei 55 Grad ist es innen rosa.

• Während das Roastbeef gart, die Sauce béarnaise zubereiten: Die Schalotten schälen und ganz fein würfeln. Die Pfefferkörner im Mörser zerdrücken. Die gewaschenen Estragon- und Kerbelstengel grobhacken.

• Den Weißwein, den Estragonessig, die Schalotten, die Pfefferkörner und die Kräuterstengel in einem Topf mischen und einmal aufkochen lassen. Bei mittlerer Hitze unter ständigem Rühren so lange einkochen, bis die Flüssigkeit auf etwa 1 Eßlöffel reduziert ist. Das dauert etwa 3 Minuten. Den Sud durch ein feines Sieb gießen, dabei mit einem Holzlöffel die Schalotten und Kräuter auspressen, damit möglichst nichts von der Flüssigkeit verloren geht. Den Sud warm halten.

• Die Butter bei schwacher Hitze in einer Kasserolle schmelzen. Achten Sie bitte darauf, daß die Butter nicht bräunt, denn die Röststoffe würden den feinen Geschmack der Sauce verderben. Jetzt die Butter klären: Den weißen Schaum abschöpfen und das klare Butterfett vorsichtig in eine zweite Kasserolle umgießen. Dabei sollen die weißen Milchrückstände am Boden der ersten Kasserolle bleiben. Das Butterfett ebenfalls warm halten. Es darf aber nicht zu heiß sein, denn sonst gerinnen später die Eigelb.

• Für das Wasserbad einen Topf mit heißem Wasser füllen und auf die Kochplatte stellen. Das Wasser bei schwacher Hitze warm halten.

• Die Eigelb mit dem Wasser in eine Metallschüssel geben und auf den Topf stellen. Die Eigelb mit dem Schneebesen zu einer dicken, schaumigen Creme aufschlagen. Das Wasserbad muß dabei immer heiß sein, darf jedoch keinesfalls kochen.

• Die warme Butter unter ständigem Rühren zuerst teelöffelweise, dann in dünnem Strahl unter die Eigelbcreme mischen.

• Den Sud ebenfalls teelöffelweise unter die Buttersauce schlagen. Die Kräuterblättchen unter die Sauce mischen. Die Sauce béarnaise mit Salz und Cayennepfeffer abschmecken und warm halten.

• Das Fleischthermometer entfernen, das Fleisch fest in Alufolie wickeln und 15 Minuten ruhen lassen. Die Fleischsäfte, die sich durch die Hitzeeinwirkung im Innern des Bratens gestaut haben, können sich nun verteilen und laufen beim Tranchieren nicht aus.

• Das Roastbeef quer zur Faser in Scheiben schneiden, salzen und mit schwarzem Pfeffer übermahlen. Die Sauce gesondert servieren.

Das paßt dazu: Stangenweißbrot

Je größer der Braten, desto besser das Ergebnis, lautet eine Küchenregel. Scheuen Sie sich deshalb bitte nicht, unser Roastbeef auch dann zuzubereiten, wenn Sie wenige Gäste eingeladen haben. Kalt in dünne Scheiben geschnitten schmeckt es am nächsten Tag köstlich zu einem knackig-frischen Salat. Roastbeef sollte immer blutig oder rosa gegart werden, niemals durchgebraten, weil sonst das Aroma des zarten Fleisches verlorengeht. Selbstverständlich hängt das Gelingen auch von der Qualität des Fleisches ab. Es muß von feinen, weißen Fettadern durchzogen sein und auf der Oberseite eine Fettschicht haben.

Rindersteaks »Café de Paris«

Eine klassische Zubereitungsart, für die Sie sich etwas Zeit nehmen sollten

Für 4 Personen brauchen Sie:
1 Schalotte · 1 Sardellenfilet
1 Teel. Kapern · 1 Teel. Tomatenmark
1 Teel. Kräutersenf · 1 Eßl. Cognac
1 Teel. Zitronensaft
3 Spritzer Worcestersauce
½ Teel. Paprikapulver edelsüß
1 Prise Currypulver
1 Prise Cayennepfeffer
schwarzen Pfeffer, frisch gemahlen
1 Teel. provenzalische Kräutermischung
1 Eßl. Petersilie, frisch gehackt
Salz · 100 g weiche Butter
1 gestrichenen Teel. Mehl · ¼ l Sahne
4 Filetsteaks, je etwa 3 cm dick · 3 Eßl. Öl

Etwa 2970 Joule/710 Kalorien pro Person
Zubereitungszeit: etwa 45 Minuten
Ruhezeit: 24 Stunden

Für die Sauce die Schalotte schälen und so fein würfeln, daß sie musig ist. Das Sardellenfilet und die Kapern ganz fein hacken.

• Die Schalotte, die Sardellen und die Kapern mit dem Tomatenmark, dem Kräutersenf, dem Cognac und dem Zitronensaft mischen. Mit der Worcestersauce, den Gewürzen, den Kräutern und Salz verrühren. Diese Saucengrundlage zugedeckt bei Zimmertemperatur 24 Stunden ruhen lassen. Während dieser Zeit tritt ein Gärungsprozeß ein, der die Sauce würzig macht.

• Am nächsten Tag von der Butter 1 Teelöffel abnehmen und mit dem Mehl verkneten. Die Mehlbutter für die Bindung der Sauce beiseite stellen. Die restliche Butter mit der Saucengrundlage zu einer geschmeidigen Kräuterbutter verrühren.

• Die Sahne in einen Stieltopf gießen und einmal aufkochen lassen. Die Mehlbutter in die Sahne geben und alles miteinander verrühren. Die Sahne noch einmal aufkochen. Die Kochplatte abschalten und den Topf vom Herd ziehen.

• Die Sahne etwas auskühlen lassen. Sie darf jetzt nur noch so heiß sein, daß die Kräuterbutter darin zergehen kann. Bei einer höheren Temperatur kann die Sahne gerinnen, sobald Sie die Kräuterbutter untermischen. Die Kräuterbutter in die Sauce geben und mit dem Schneebesen kräftig unterrühren. Wenn die Sahne die Butter vollkommen absorbiert hat, ist die Sauce so dickflüssig, daß sie einen Löffelrücken überzieht. Die Sauce warm halten. Legen Sie bitte keinen Deckel auf den Topf, denn die abfließende Kondensflüssigkeit verdirbt die Sauce.

• Die Filetsteaks mit dem Handballen etwas flachdrücken und mit Küchenpapier trockentupfen.

• Eine schwere Pfanne ohne Fett stark erhitzen und die Zischprobe machen: Wenn ein Wassertropfen, den Sie in die Pfanne spritzen, zischend verdampft, ist die Pfanne heiß genug. Das Öl nun darin erhitzen, bis kleine Bläschen aufsteigen.

• Die Filetsteaks in die Pfanne legen und bei starker Hitze von beiden Seiten kräftig anbraten. Das Fleisch muß rasch eine braune Kruste bilden. Sobald die Steaks angebraten sind, die Temperatur reduzieren und die Steaks bei mittlerer Hitze fertig braten.

• Die gegarten Steaks auf vorgewärmten Tellern anrichten und mit Salz und Pfeffer aus der Mühle bestreuen. Salzen Sie zartes Steakfleisch nicht vor dem Anbraten, denn Salz entzieht ihm die Gewebeflüssigkeit, und das Fleisch wird hart. Die Steaks mit der Sauce umgießen und sofort servieren.

• Für die Garzeit von Steaks gibt es Richtwerte, die je nach Temperatur und Dicke der Fleischstücke nach oben oder unten abweichen können. Auch die Qualität des Fleisches spielt eine wesentliche Rolle. Hellrotes, also nicht genügend abgehangenes Fleisch braucht länger als zartes. Und bedenken Sie bitte, daß ein qualitativ minderes Filetsteak auch durch sachgemäßes Braten nicht mürbe wird.

• Blutig gegart ist ein Filetsteak der angegebenen Stärke nach 1 Minute scharfem Anbraten und weiteren 2–3 Minuten Brat-

zeit pro Seite. Es hat dann eine dünne braune Kruste. Im Innern sind die Fleischfasern noch roh. In der Küchensprache nennt man diesen Gargrad »blue« oder »very rare«.

• Blutig bis rosa (»rare«) ist das Steak, wenn Sie es anbraten und auf jeder Seite 3 Minuten weiterbraten. Die Kruste ist knusprig-braun, die Außenschicht rosa und der Kern in der Mitte blutig-rot.

• Halbdurchgegart (»medium«) ist das Steak nach Anbraten und 6 Minuten Bratzeit pro Seite: der Kern des Fleisches bleibt rosa, die äußeren Schichten sind dunkelbraun. Beim Anschneiden tritt fast klarer Fleischsaft aus.

Leider teilen Filetsteaks oft das Schicksal vieler angeblich einfacher Gerichte: sie gelten als schnelles Essen, das keine Mühe macht. Deshalb wandern meist eher Zufallsprodukte auf den Teller, die dem zartesten Stück Fleisch vom Rind selten gerecht werden. Wie ein richtig gebratenes Steak zu einer wahren Delikatesse wird, zeigen wir Ihnen in unserem Rezept. Wenn Sie wenig Zeit haben, servieren Sie statt der Sauce, dessen Originalrezept vom Restaurant »Café de Paris« in Monaco stammt, nur Kräuterbutter. Bei den Steaks sollten Sie jedoch auf Qualität achten; kaufen Sie deshalb nur bei einem Metzger, dem Sie vertrauen können.

Tafelspitz mit Schnittlauchsauce

Muß ganz langsam garziehen, damit er zart und saftig bleibt

Das feinste Siedefleisch vom Rind wird aus der Hüfte, genauer: aus dem Stück, das zum Schwanz hin liegt, geschnitten. Sie können beim Kauf aber auch ohne weiteres »Tafelspitz« verlangen; ein guter Metzger weiß, was damit gemeint ist. Die Fettschicht auf dem Fleisch entfernen Sie bitte erst nach dem Garen.

Für 6 Personen brauchen Sie:
4 Rindermarkknochen
2 l kaltes Wasser · 1,5 kg Tafelspitz
1 Stück Knollensellerie (ca. 150 g)
1 kleine Stange Lauch · 1 Möhre
1 Petersilienwurzel · 1 Zwiebel
½ Bund Petersilie · 2 Lorbeerblätter
8 schwarze Pfefferkörner · Salz
4 Scheiben entrindetes Toastbrot
⅛ l Milch · 2 hartgekochte Eigelb
2 rohe Eigelb · ⅛ l Öl
2 Eßl. Zitronensaft · weißen Pfeffer, frisch gemahlen · 2 Bund Schnittlauch

Etwa 2130 Joule/510 Kalorien pro Person
Zubereitungszeit: etwa 4¼ Stunden

Die Rindermarkknochen in einen Topf legen, der so groß sein sollte, daß Knochen und Fleisch darin Platz haben, ohne zu »schwimmen«. Das Wasser über die Markknochen gießen.

• Die Knochen 30 Minuten bei schwacher Hitze sanft kochen lassen. Den sich bildenden Schaum nicht abschöpfen, denn die darin enthaltenen Eiweißpartikel helfen, die Brühe zu klären.

• Den Tafelspitz in die Knochenbrühe legen. Die Temperatur noch weiter zurückschalten. Der Tafelspitz darf nur knapp unter dem Siedepunkt garziehen, sonst werden die Brühe trübe und das Fleisch hart und trocken. Die Temperatur stimmt, wenn vom Topfboden kleine Bläschen aufsteigen. Jetzt den Deckel nur halb auf den Topf legen, damit der Siedeprozeß kontrolliert werden kann, ohne unterbrochen zu werden. Die verdampfte Flüssigkeit durch heißes Wasser so ergänzen, daß Fleisch und Knochen immer eben bedeckt sind. Das Fleisch 1 Stunde köcheln lassen.

• Inzwischen den Sellerie, den Lauch, die Möhre und die Petersilienwurzel putzen und gründlich waschen. Die Gemüse grob zerschneiden. Die Zwiebel schälen und halbieren. Alle diese Zutaten mit der gewaschenen Petersilie, den Lorbeerblättern und den Pfefferkörnern zum Fleisch geben. Die Brühe salzen. Den Tafelspitz weitere 2–2½ Stunden garen.

• Inzwischen für die Sauce das Toastbrot in der Milch einweichen und mit einer Gabel ganz fein zerdrücken. Mit den zerdrückten hartgekochten Eigelb sowie den rohen Eigelb zu einer glatten Masse verrühren. Diese mit dem Öl wie Mayonnaise aufschlagen. Die Sauce mit 2 Eßlöffeln Brühe vom Tafelspitz sowie dem Zitronensaft verrühren und mit Salz und Pfeffer abschmekken. Den Schnittlauch in feine Röllchen schneiden und untermischen.

• Den Tafelspitz quer zur Faser in etwa fingerdicke Scheiben schneiden, mit etwas Brühe übergießen und servieren.

Das paßt dazu: außer der Schnittlauchsauce noch frisch geschabter Meerrettich und Salzkartoffeln

Ochsenkotelett mit Gemüse

Beim sanften Sieden in Wein und Brühe wird es wunderbar aromatisch

Das Ochsenkotelett, auch Hochrippe genannt, zählt zu den feinsten Stücken des Rindes und eignet sich hervorragend zum Garziehen. Wichtigste Voraussetzung ist, daß das Fleisch grundsätzlich in die kochende Brühe gegeben wird, damit sich die Poren sofort schließen können.

Für 4 Personen brauchen Sie:
1 l Fleischbrühe
½ Flasche trockenen Weißwein
1 Lorbeerblatt · 2 Gewürznelken
½ Teel. schwarze Pfefferkörner · 1 Zwiebel
1 Knoblauchzehe · ½ Bund Petersilie
1 Ochsenkotelett von 1,2 kg
Salz · 4 Stangen Bleichsellerie
250 g Möhren · 2 Petersilienwurzeln
1 Stange Lauch · 250 g Zuckerschoten
2 Fleischtomaten · 60 g Crème fraîche

Etwa 3100 Joule/760 Kalorien pro Person
Zubereitungszeit: etwa 1¼ Stunden

Die Brühe mit dem Wein, dem Lorbeerblatt, den Gewürznelken und den Pfefferkörnern zum Kochen bringen.
- Die Zwiebel schälen und halbieren. Die Knoblauchzehe ebenfalls schälen. Mit der gewaschenen Petersilie und dem Ochsenkotelett in die Fleischbrühe geben. Bei starker Hitze zugedeckt aufkochen lassen, dann die Temperatur verringern, das Salz zugeben und das Ochsenkotelett im halb geöffneten Topf 1½ Stunden schwach sieden lassen.
- Den Bleichsellerie von den harten Fasern befreien. Alle Gemüse waschen, putzen und bis auf die Möhren, die Petersilienwurzeln und die abgefädelten Zuckerschoten zerkleinern. Die Tomaten mit kochendem Wasser überbrühen, abschrecken, enthäuten, von Stielansätzen und Kernen

befreien und kleinschneiden.
- Das Grün der Möhren bis auf einen halben Zentimeter über der Wurzel zurückschneiden.
- Die Gemüse außer den Tomaten 20 Minuten vor Ende der Garzeit zum Ochsenkotelett geben. Die Tomaten nur 2 Minuten in der Brühe ziehen lassen.
- Das Ochsenkotelett auf einer vorgewärmten Platte anrichten und mit den Gemüsen umlegen.
- ¼ l Kochflüssigkeit mit der Crème fraîche verrühren und über das Fleisch gießen.

Bœuf Stroganow

Sehr schnell zuzubereiten, wenn auch etwas teurer

Für 4 Personen brauchen Sie:
600 g Rinderfilet · 100 g Zwiebeln
200 g Champignons · 1 Eßl. Öl
40 g Butter · Salz
schwarzen Pfeffer, frisch gemahlen
1–2 Teel. Senf · 300 g Crème fraîche
1 Teel. Fleischextrakt
2 Teel. Zitronensaft

Etwa 2300 Joule/550 Kalorien pro Person
Zubereitungszeit: etwa 30 Minuten

Das Rinderfilet feucht abwischen und sorgfältig von Haut-, Fett- und Sehnenresten befreien.

- Das Fleisch zuerst in etwa 1 cm dicke Scheiben und diese in etwa 1 cm breite Streifen schneiden.

- Die Zwiebeln schälen, längs halbieren und mit den Schnittflächen nach unten auf ein Brett legen. Die Hälften mit einem wirklich scharfen Messer zuerst mehrfach waagerecht, dann der Länge nach senkrecht einschneiden und zum Schluß quer in feine Würfel teilen.
- Die Champignons putzen, wenn nötig, in kaltem Wasser waschen und blättrig schneiden.
- Eine Pfanne oder Kasserolle auf der Herdplatte zunächst ohne Fett heiß werden lassen, erst dann das Öl darin erhitzen und zum Schluß etwa die Hälfte der Butter hineingeben.

- Das Fleisch nun portionsweise darin anbraten und dabei ständig mit einem Holzspatel hin und her bewegen, damit sich die Poren rundherum sofort schließen können. Jede Portion herausnehmen und in einem Sieb (mit einem Teller darunter) beiseite stellen. Das übrige Fleisch auf dieselbe Weise anbraten und herausnehmen. Die restliche Butter in das Bratfett geben und die vorbereiteten Zwiebeln und Champignons darin unter Rühren glasig und weich braten.
- Salzen und pfeffern, den Senf unterrühren und kurze Zeit durchschwitzen lassen. Ein paar Tropfen Wasser zugeben und den Bratfond unter ständigem Rühren damit loskochen.

- Die Crème fraîche mit einer Gabel verquirlen, zum Bratfond geben und gründlich unterrühren. Die Flüssigkeit dabei nach Wunsch ein wenig einkochen lassen. Mit dem Fleischextrakt und dem Zitronensaft pikant abschmecken.
- Die angebratenen Fleischstücke salzen und pfeffern und in die Sauce mischen. Unter vorsichtigem Wenden bei schwacher Hitze heiß werden, jedoch nicht mehr kochen lassen, sonst werden die zarten Fleischfasern leicht hart.

- Zum Schluß den Fleischsaft, der sich im Teller gesammelt hat, zugießen und die Sauce damit abrunden.
- Das Bœuf Stroganow sofort anrichten und servieren, denn es wäre zu schade, wenn es warm gehalten werden müßte.

Das paßt dazu: Grüner Salat und Petersilienkartoffeln oder auch zartes, in Butter gedünstetes Gemüse. Statt der Petersilienkartoffeln können Sie natürlich auch Reis, Rösti oder Stangenweißbrot dazu reichen.

Variante: Kalbsgeschnetzeltes nach Zürcher Art

Hierbei handelt es sich zwar um ein völlig eigenständiges Gericht, doch ähnelt seine Zubereitung der des Boeuf Stroganow sehr stark. So wird's gemacht: 600 g Kalbsfilet in etwa ½ cm dicke Scheiben, dann in höchstens ½ cm breite Streifen schneiden. 2–3 Zwiebeln schälen und feinwürfeln. 1 Eßlöffel Öl und 20 g Butter in einer Pfanne erhitzen und das Fleisch portionsweise anbraten. Herausnehmen und im Sieb (mit Teller darunter) beiseitestellen. Das Bratfett weggießen und 20–30 g frische Butter in der Pfanne erhitzen. Die Zwiebelwürfel darin glasig braten, dann mit 1–2 Eßlöffel Mehl bestäuben und dieses unter Rühren durchschwitzen lassen. Den Bratfond mit ⅛ l heißer Fettbrühe loskochen, ⅛ l trockenen Weißwein zugießen und kräftig aufkochen lassen. Mit Salz und Pfeffer würzen und etwa ⅛ l Sahne einrühren, die Sauce aber nicht mehr kochen lassen, da die Sahne sonst gerinnen könnte. Das Fleisch in der Sauce erwärmen (nicht kochen lassen) und den ausgetretenen Fleischsaft untermischen. Das Geschnetzelte anrichten und mit gehackter Petersilie bestreuen. Sofort servieren und nach Möglichkeit Rösti (Rezept Seite 102) dazu reichen.

Rinderfilet, Zwiebeln, saure Sahne oder Crème fraîche müssen sein beim Bœuf Stroganow. Die Champignons dagegen sind kein unbedingtes Muß, doch verbessern sie den Geschmack. Manchmal gibt man auch gewürfelte Gewürzgurken oder Tomaten, manchmal auch rote Bete und sogar Kartoffelscheiben hinein.

Marinierter Kalbsschmorbraten

Von feinen Aromen intensiv durchzogen

Für 6 Personen brauchen Sie:
- 2 kg Kalbsschulter ohne Knochen
- weißen Pfeffer, frisch gemahlen
- 2 Zwiebeln · 2 Knoblauchzehen
- 4 Zweige Thymian · 2 Zweige Salbei
- 2 Lorbeerblätter · 1 unbehandelte Zitrone
- 3/8 l trockenen, kräftigen Weißwein
- 6 Eßl. kaltgepreßtes Olivenöl · Salz
- 1/8 l heiße Fleischbrühe
- 1 Bund Zitronenmelisse, frisch gehackt
- 2–3 Eßl. Kapern

Etwa 2825 Joule/675 Kalorien pro Person
Marinierzeit: mindestens 24 Stunden
Zubereitungszeit: etwa 3–3½ Stunden

Die Kalbsschulter mit einem feuchten Tuch abwischen, reichlich Pfeffer darübermahlen und diesen gut einreiben.
• Die Zwiebeln und die Knoblauchzehen schälen, die Zwiebeln in feine Ringe, den Knoblauch in Würfelchen schneiden.
• Die Kräuter abspülen, trockenschwenken und zusammen mit den Lorbeerblättern unter die Zwiebelmischung mengen.

• Die Zitrone unter heißem Wasser abbürsten, abtrocknen und ein etwa 3 cm langes Stück hauchdünn abschälen. Dieses einmal durchschneiden.

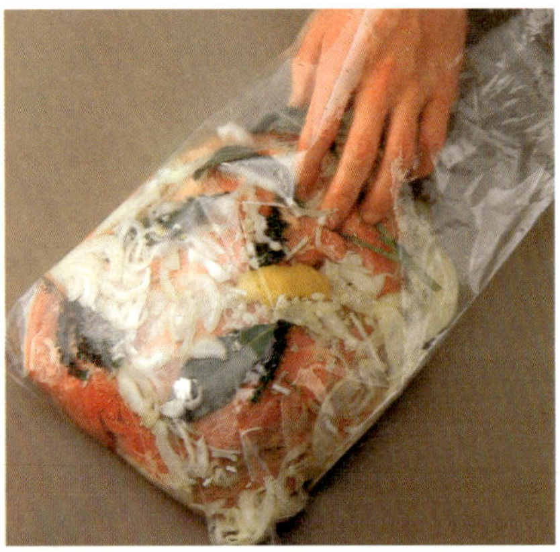

• Das Fleisch in eine Plastiktüte geben, die nicht viel größer als das gesamte Stück ist. Sämtliche vorbereiteten Gewürze drumherum verteilen und den Weißwein zusammen mit etwa 4 Eßlöffeln Öl angießen. Die Tüte gut verschließen und mehrfach schütteln, damit das Fleisch völlig von der Marinade überzogen wird. Mindestens 24 Stunden, besser aber 1½–2 Tage an einem kühlen Platz durchziehen lassen und die Tüte dabei mehrfach schütteln.
• Das Fleisch aus der Marinade nehmen, abtropfen lassen – die Flüssigkeit auffangen –, rundherum sehr gut trockenreiben.

• Das Fleisch dann mit Salz bestreuen und dieses sorgfältig in die Fasern massieren.
• Das restliche Öl in einem Bräter erhitzen und das Fleisch darin rundherum bei starker Hitze kräftig braun anbraten. Etwas von der Marinade dazugießen und den Bratfond damit loskochen. Sobald diese Flüssigkeit verkocht ist, die restliche Marinade mit den Gewürzen und die Fleischbrühe angießen und erneut zum Kochen bringen.
• Die Temperatur auf mittlere Stufe herunterschalten und den Braten 2–2½ Stunden schmoren lassen.

• Das Fleisch dabei hin und wieder mit der Schmorflüssigkeit begießen, damit es vollständig von dem Aroma durchzogen wird und nicht austrocknen kann.
• Den Braten dann aus dem Bräter nehmen und zugedeckt oder in Alufolie gewikkelt warm stellen.
• Die Bratflüssigkeit durch ein Sieb in einen Topf gießen und bei starker Hitze ohne Deckel cremig einkochen lassen. Nach Wunsch mit Haushaltspapier entfetten.
• Von der Zitrone 1–2 weitere Stückchen so dünn abschälen, daß keine weiße Haut mehr an ihnen haftet und in millimeterdünne Streifchen schneiden. Die Zitrone anschließend ganz oder teilweise (je nach Geschmack) auspressen.

• Sobald die Sauce die gewünschte Konsistenz erreicht hat, den Zitronensaft, dann die Zitronenschale, die gehackte Zitronenmelisse und die abgetropften Kapern untermischen und die Sauce noch einige Minuten ziehen, nicht aber sprudelnd kochen lassen. Mit Salz und Pfeffer abschmecken und getrennt zum Fleisch reichen.
• Den Braten quer zur Faser in Scheiben schneiden, anrichten und nach Wunsch mit ein paar frischen Kräutern garnieren.

Das paßt dazu: in Butter gedünstetes Gemüse und Bandnudeln oder Salzkartoffeln

Variante: Marinierte Lammkeule

Nach demselben Rezept können Sie auch eine kleine Lammkeule (etwa 2 kg) marinieren und schmoren. Die Zubereitung bleibt exakt dieselbe, doch können Sie bei den Kräutern variieren. So passen Rosmarin oder auch Oregano ausgezeichnet dazu, und anstelle der Zitronenmelisse schmeckt Dill sehr gut. Besonders praktisch bei diesem Gericht: Sie können Kartoffeln als Beilage zusammen mit dem Fleisch in der Schmorflüssigkeit garen. Geben Sie diese geschält und in gleichmäßige Stücke geschnitten nach etwa 1 Stunde Garzeit in den Fond. Sie werden zusammen mit dem Fleisch herausgenommen und warm gestellt, damit Sie die Sauce, wie angegeben, fertigstellen können. Diese läßt sich übrigens mit Sahne oder Crème fraîche noch weiter verfeinern.

Das außerordentlich magere und zarte Kalbfleisch wird von vielen Feinschmekkern als Grundlage für große Braten abgelehnt, weil sie meinen, daß sein Aroma nicht genügend ausgeprägt sei. Das trifft nicht zu für dieses Rezept: Kräuter, Knoblauch, Wein und bestes Olivenöl sorgen für einen vollwürzigen Geschmack und saftiges Fleisch. Auch wenn man für die meisten anderen Braten Stücke aus der Keule verwendet, empfiehlt es sich in diesem Fall, auf die (preiswertere) Kalbsschulter zurückzugreifen, die durch ihren geringen Fett- und Sehnenanteil ausgesprochen mürbe wird, ohne auszutrocknen, und zudem für eine kräftige Sauce sorgt.

Frikadellen

Unproblematisch und vielseitig zuzubereiten

Sie heißen Frikadellen, Buletten oder Fleischpf(l)anzerl. Sie können aus Rind-, Schwein-, Kalb- und Lammfleisch zubereitet werden. Mal würzt man sie mit Peperoni, Kapern, Dill oder Curry, mal füllt man sie mit Käse, Oliven oder Ei. Braten Sie vorab eine Probefrikadelle: ist sie zu locker, helfen Semmelbrösel oder Eigelb.

Für 4 Personen brauchen Sie:
1 altbackenes Brötchen
ca. ¼ l lauwarmes Wasser · 1 Zwiebel
1 Knoblauchzehe · 1–2 Sardellenfilets
½ Bund Petersilie
½ Bund Schnittlauch
500 g gemischtes Hackfleisch
1 Ei · Salz
schwarzen Pfeffer, frisch gemahlen
1 Teel. Paprikapulver edelsüß
2 Eßl. Öl · 20 g Butter

Etwa 1590 Joule/380 Kalorien pro Person
Zubereitungszeit: etwa 30 Minuten

Das Brötchen in grobe Stücke schneiden, mit dem lauwarmen Wasser begießen und quellen lassen.
• In der Zwischenzeit die Zwiebel und die Knoblauchzehe schälen und beides sehr fein würfeln. Die Sardellenfilets trockentupfen, (in Salzlake eingelegte vorher kurz unter kaltem Wasser abspülen). Danach sehr fein hacken oder zerdrücken. Die Petersilie und den Schnittlauch abspülen, trockenschwenken und feinhacken beziehungsweise in feine Röllchen schneiden.
• Das eingeweichte Brötchen ausdrücken und mit allen vorbereiteten Zutaten in eine Schüssel geben, das Hackfleisch zufügen. Das Ei zusammen mit einer kräftigen Prise Salz zugeben und reichlich Pfeffer darübermahlen. Mit dem Paprikapulver würzen.

• Mit einer Gabel alle Zutaten sehr gründlich vermischen, wobei Sie die Gabel mit leichtem Druck von oben durch sämtliche Zutaten ziehen und dann die Fleischmasse von unten nach oben wenden sollten. Nun erneut die Gabel hindurchziehen und die Farce (so nennt man den Fleischteig) erneut wenden. Arbeiten Sie dabei in jedem Fall so lange, bis eine homogene Masse entstanden ist. (Das kann man übrigens auch mit den Händen durchführen.)
• Mit in kaltem Wasser angefeuchteten Händen 8 gleichgroße, etwas abgeflachte Frikadellen aus dem Teig formen.
• Eine Pfanne auf dem Herd erhitzen. Das Öl hineingießen und, wenn auch dieses heiß ist, die Butter darin zerlaufen lassen.
• Die Frikadellen hineinlegen und bei starker Hitze auf beiden Seiten kräftig anbraten. Die Temperatur reduzieren und die Frikadellen bei mittlerer Hitze auf jeder Seite noch etwa 5 Minuten braten lassen.
• Herausheben, kurz abfetten lassen und dann entweder sofort heiß oder aber abgekühlt servieren.

Das paßt dazu: Gemischter Salat, grüne Bohnen mit Speck und Tomaten oder in Butter gedünstetes Gemüse und Salzkartoffeln, wenn sie heiß serviert werden. Zu kalten Frikadellen ist Kartoffelsalat ideal

Gefüllter Hackbraten

Der beste Beweis dafür, daß Schlemmereien nicht immer teuer sein müssen.

Man nennt ihn auch »Falscher Hase«, und wohl kaum eine Hausfrau kennt dafür nicht ein ganz spezielles Rezept. Die einen füllen ihn mit hartgekochten Eiern, die anderen zum Beispiel mit blanchierten Lauchstangen. Vielleicht probieren Sie einmal diese Version, die neben ihrem würzigen Aroma auch durch das Aussehen besticht.

Für 4 Personen brauchen Sie:
1½ altbackene Brötchen
2 kleine Zwiebeln · 1–2 Knoblauchzehen
2 Gewürzgurken · 1–2 Eßl. Kapern
2 Eier · 600 g gemischtes Hackfleisch
Saft von ½ Zitrone · Salz
schwarzen Pfeffer, frisch gemahlen
Cayennepfeffer
2 möglichst schmale, längliche Paprikaschoten · 1 Bund Schnittlauch
2 Bund gemischte Kräuter
(Basilikum, Dill, Petersilie, Thymian)
40 g Butter · ⅛ l heiße Fleischbrühe
⅛ l Sahne · 1 Eßl. Crème fraîche
Paprikapulver edelsüß

Etwa 2805 Joule/670 Kalorien pro Person
Zubereitungszeit: etwa 1½ Stunden

Die Brötchen in Wasser einweichen. Die Zwiebeln und die Knoblauchzehen schälen, wie die Gurken feinwürfeln.
- Die Brötchen ausdrücken und mit den vorbereiteten Zutaten, den Kapern und den Eiern zum Hackfleisch geben und alles gut verkneten. Pikant würzen.
- Die Paprikaschoten an den Enden abschneiden und putzen. Die Reste würfeln und unter drei Viertel des Fleischteiges mischen.

- Die Kräuter in feine Streifen schneiden und feinhacken. Das verbliebene Viertel des Hackfleisches damit mischen und dieses in die Schoten füllen.
- Den Backofen auf 200° vorheizen.
- Den Fleischteig um die Paprikaschoten herum zum Laib formen.
- Eine Bratform einfetten, den Braten darin etwa 30 Minuten auf der zweiten Schiene von unten im Ofen backen. Dabei oft mit der restlichen Butter bestreichen.
- Die Brühe mit der Sahne, der Crème fraîche und Paprika verquirlen, zum Hackbraten gießen und 10 Minuten mitgaren.
- Den Braten anrichten und mit der Sauce umgossen sofort servieren.

Gebratene Lammkeule

Ein wahres Festessen für alle Feinschmecker

Für 4 Personen brauchen Sie:
1 Lammkeule von etwa 1 kg
5 Knoblauchzehen · 2 Wacholderbeeren
½ Teel. schwarze Pfefferkörner
2 Eßl. Gin · 4 Eßl. kaltgepreßtes Olivenöl
2 Zweige Rosmarin · 2 Lorbeerblätter
50 g Butter · Salz

Etwa 2720 Joule/650 Kalorien pro Person
Zubereitungszeit: etwa 1 Stunde
Marinierzeit: etwa 24 Stunden

Die Lammkeule mit einem feuchten Tuch abreiben und danach sehr gründlich trockentupfen.
• Die Knoblauchzehen schälen und in winzige Würfelchen schneiden oder sehr fein hacken.
• Die Wacholderbeeren und die Pfefferkörner auf ein Holzbrett oder auf die Arbeitsfläche geben, zu einem kleinen Häufchen zusammenschieben und die Klinge eines breiten Messers flach darauflegen.

• Die Beeren und die Körner nun mit kräftigem Druck zerquetschen und nach Wunsch anschließend noch ein wenig hakken, bis sie sehr fein zerbröselt sind. (Sie können dazu auch einen Mörser verwenden, doch lohnt sich das für diese kleine Menge nicht unbedingt.)
• Den Knoblauch mit den zerdrückten Gewürzen in einem Schälchen mischen und mit dem Gin und dem Olivenöl zu einer glatten Paste verrühren.
• Den Rosmarin abspülen, trockentupfen und die Nadeln von den Zweigen zupfen. Diese ein wenig zerhacken.
• Ein großes Blatt extrastarke Alufolie auf die Arbeitsfläche legen und die Hälfte des Rosmarins in die Mitte streuen.
• Die Lorbeerblätter zwischen den Handflächen zerbröseln und zur Hälfte über dem Rosmarin verteilen.
• Die Lammkeule rundherum mit der Knoblauchmischung bestreichen und diese gut einmassieren. Die Keule auf die Gewürzmischung legen, mit dem restlichen

Rosmarin und Lorbeer bestreuen und beides in das Fleisch reiben. Die Folie fest über der Keule schließen und diese in etwa 24 Stunden an einem kühlen Platz aromatisieren lassen.
• Etwa 4 Stunden vor der Zubereitung die Folie öffnen und das Fleisch Zimmertemperatur annehmen lassen.
• Den Backofen auf 250° vorheizen.
• Die Folie entfernen und die Knoblauchmischung mit Haushaltspapier so gut wie möglich von der Keule abwischen, denn die Knoblauchstückchen verbrennen leicht und schmecken dann bitter.
• Die Butter in einem Töpfchen bei schwacher Hitze schmelzen, jedoch nicht bräunen lassen.

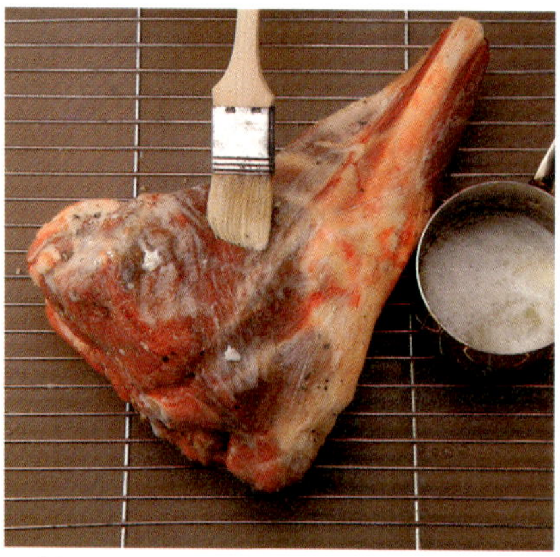

• Die Keule rundherum salzen, auf den Bratenrost legen und rundherum mit einem Teil der Butter recht üppig bepinseln. Den Rost anschließend sofort auf der zweiten Schiene von unten in den heißen Ofen schieben. Die Fettpfanne darunterschieben, damit das Fett nicht in den Ofen tropft. Sobald die Keule im Ofen ist, die Temperatur auf 220° herunterschalten. Die Keule in 25–30 Minuten rosa braten und zwischendurch immer wieder mit der restlichen Butter und dem heruntertropfenden Fett bestreichen.
• Die Keule aus dem Ofen nehmen, in frische Alufolie wickeln und etwa 15 Minuten ruhen lassen.

• Die Lammkeule dann auf ein Holzbrett legen und mit einer Hand am Knochen gut festhalten. Mit einem sehr scharfen Messer am dicksten Teil der Keule beginnend das Fleisch schräg zum Faserverlauf und schräg zum Knochen in dünnen Scheiben abschneiden. Drehen Sie die Keule dabei nach jedem Schnitt ein wenig, damit Sie immer gleichmäßige Scheiben bekommen.
• Wenn Sie sich das Tranchieren direkt am Knochen nicht zutrauen, können Sie natürlich auch die einzelnen Muskelstränge, die ja sehr deutlich zu erkennen sind, vom Knochen ablösen und diese dann einzeln quer bis schräg zur Faser in dünne Scheiben schneiden. Allerdings sind sie in der Größe unterschiedlich. Die Lammfleischscheiben anrichten, nach Wunsch noch leicht salzen und pfeffern und mit dem ausgetretenen Fleischsaft begossen sofort servieren. Ganz nach Belieben können sie auch noch mit frischen Kräutern garniert werden.

Das paßt dazu: Bohnengemüse mit Speck (Seite 86/87), Gebratene Austernpilze (Seite 90) oder auch Ratatouille (Seite 68/69) und Rösti (Seite 102), Bratkartoffeln (Seite 103) oder Kartoffel-Lauch-Gratin (Seite 94/95)

Unser Tip: Durch ein Fleischthermometer, das für wenig Geld in gut sortierten Haushaltswarengeschäften und Küchenläden angeboten wird, können Sie genau feststellen, ob die Lammkeule »auf den Punkt« gegart ist. Stecken Sie es, nachdem die Keule mit Butter bestrichen wurde, in die dickste Stelle des Fleisches, wobei die Thermometerspitze den Knochen jedoch nicht berühren darf. Braten Sie die Keule dann und nehmen Sie diese aus dem Ofen, sobald die gewünschte Garstufe erreicht ist. Die Keule muß auch dann unbedingt, in Alufolie verpackt, ruhen. Beim Einschieben der Keule in den Ofen sollten Sie darauf achten, daß das Thermometer so im Fleisch steckt, daß sie die Temperatur mühelos ablesen können.

Die besten Braten liefern die Lämmer mit einem Alter von einem halben bis zu einem Jahr, denn zu diesem Zeitpunkt ist das Fleisch bereits vollwürzig und sehr aromatisch, das Fett aber noch weich und zudem mengenmäßig noch nicht zu stark entwickelt. Das Fleisch junger Tiere erkennt man an seiner leuchtend roten Farbe und am weißen Fett, das sich noch leicht ablösen läßt. Lammfleisch sollte stets nur »rosa«, niemals »durch« gegart werden. Außerdem muß es bis zum Anschneiden immer einige Zeit ruhen, damit sich der Fleischsaft in den Zellen verteilen kann und nicht zum größten Teil beim Anschneiden herausläuft.

Marinierte Lammkoteletts

Rosa gebraten und heiß serviert schmecken sie am besten

Erfreulicherweise wird Lammfleisch mittlerweile bei uns sehr häufig (und zu vernünftigen Preisen) angeboten. Dabei kann man wählen zwischen irischen, französischen, neuseeländischen und auch deutschen Tieren. Ganz gleich, woher die Schafe stammen, das Fleisch harmoniert immer mit frischen Kräutern.

Für 4 Personen brauchen Sie:

4 doppelte Lammkoteletts von je etwa 2 cm Dicke und 180 g
3 Knoblauchzehen · 1 Bund Petersilie
3 Zweige Thymian · 2 Eßl. Cognac
1 unbehandelte Zitrone
schwarzen Pfeffer, frisch gemahlen
4 Eßl. Olivenöl · Salz

Etwa 2760 Joule/660 Kalorien pro Person
Zubereitungszeit: etwa 30 Minuten
Marinierzeit: mindestens 4 Stunden

Die Lammkoteletts mit einem feuchten Tuch abwischen, um sämtliche Knochenreste gründlich zu entfernen. Das Fleisch anschließend mit Haushaltspapier trockentupfen.

- Den Fett- und Sehnenrand, der jedes Kotelett auf der Oberseite überzieht, mit einem sehr scharfen Messer in regelmäßigen Abständen von etwa 2 cm sorgfältig einschneiden. Dabei darf aber auf keinen Fall in das Muskelgewebe, das heißt, das Fleisch, geschnitten werden, da sonst durch die zerstörten Zellen der Fleischsaft während der Marinierzeit und beim Braten auslaufen und das Fleisch trocken würde.

- Die Knoblauchzehen schälen und sehr fein würfeln oder durch die Presse drücken. Die Petersilie und den Thymian abspülen, trocknen und beides sehr fein hacken. Den Knoblauch und die Kräuter mit dem Cognac zu einer glatten Paste verrühren.
- Die Zitrone unter heißem Wasser abbürsten, gut abtrocknen und etwas Schale abreiben. Die Frucht dann halbieren und den Saft auspressen. Beides zur Kräuterpaste geben und reichlich Pfeffer darübermahlen. Tropfenweise etwa 3 Eßlöffel Olivenöl darunterschlagen.
- Die Lammkoteletts rundherum damit bestreichen, in eine Schüssel legen und mit der noch verbleibenden Marinade übergießen. Das Fleisch sehr dicht mit Alufolie abdecken und die Schüssel für mindestens 4 Stunden an einen kühlen Platz, möglichst aber nicht in den Kühlschrank, stellen.
- Haben Sie aber nur den Kühlschrank, nehmen Sie die Koteletts etwa 1 Stunde vor dem Braten heraus, damit sie Zimmertemperatur annehmen.
- Eine schwere Pfanne zunächst ohne Fett erhitzen, dann das restliche Öl darin heiß werden lassen. Die Koteletts samt ihrer Marinade hineinlegen und auf jeder Seite in 1–2 Minuten bei sehr starker Hitze kräftig anbraten. Die Koteletts danach bei mittlerer bis schwacher Hitze in weiteren 2–3 Minuten (je nach dem gewünschten Gargrad) fertigbraten.
- Das Fleisch aus der Pfanne nehmen, auf Haushaltspapier kurz abfetten lassen und erst jetzt auf beiden Seiten mit Salz bestreuen. Nach Wunsch auch noch leicht pfeffern und sofort servieren; Lammfleisch schmeckt ganz heiß am besten.

Das paßt dazu: Grüne Bohnen mit Speck und Tomaten oder gemischter Salat und rohe Bratkartoffeln oder Stangenweißbrot

Lammscheiben mit Gemüse

Ein richtiges Sommer-Essen, leicht und kräuterwürzig

Sanft geschmort, mit vielen Gemüsen und Kräutern, bleibt Lamm wunderbar zart. Bringen Sie dieses Gericht möglichst heiß auf den Tisch, dann schmeckt es am besten. Statt Beinscheiben können Sie auch das preiswertere Fleisch aus Schulter oder Nacken verwenden.

Für 4 Personen brauchen Sie:
500 g kleine, mehlig kochende Kartoffeln
2 Gemüsezwiebeln · 3 Knoblauchzehen
1 Bund Suppengrün · 500 g Tomaten
8 Lamm-Beinscheiben, von je 140 g · Salz
schwarzen Pfeffer, frisch gemahlen
4 Eßl. Mehl · 8 Eßl. Olivenöl
¼ l trockenen Rotwein
⅛ l Fleischbrühe · 3 Zweige Thymian
2 Zweige Oregano · 1 Lorbeerblatt
1 Bund Basilikum, frisch gehackt
½ Bund Petersilie, frisch gehackt

Etwa 3900 Joule/950 Kalorien pro Person
Zubereitungszeit: etwa 1½ Stunden

Die Kartoffeln schälen und waschen. Die Gemüsezwiebeln und die Knoblauchzehen schälen. Die Zwiebeln grobwürfeln, den Knoblauch feinhacken. Das gewaschene Suppengrün würfeln. Die Tomaten mit kochendem Wasser überbrühen, enthäuten, von Stielansätzen und Kernen befreien und würfeln.

- Die Lammscheiben mit Salz und Pfeffer bestreuen und von beiden Seiten mit dem Mehl besieben. Das überschüssige Mehl leicht abklopfen.
- Den Backofen auf 180° vorheizen.
- 4 Eßlöffel Olivenöl in einem Schmortopf erhitzen. Die Lammscheiben darin von beiden Seiten anbraten, herausnehmen und warm halten.
- Das restliche Öl erhitzen. Zuerst die Zwiebeln, den Knoblauch und das Suppengrün, dann die Kartoffeln rundherum darin anbraten.
- Das Fleisch auf das Gemüse legen. Den Rotwein und die Brühe angießen. Die Tomaten über dem Fleisch verteilen. Die abgespülten Kräuterzweige und das Lorbeerblatt zugeben.
- Den Topf schließen und in den Ofen auf die untere Schiene stellen. Das Fleisch 60–70 Minuten schmoren.
- Die Lammscheiben mit dem Basilikum und der Petersilie bestreut servieren.

Gefüllte Poularde

Saftige Fülle in knuspriger Hülle

Für 4 Personen brauchen Sie:
- 1 fleischige Poularde von etwa 1,4 kg
- 1 Bund Frühlingszwiebeln
- 1 säuerlichen Apfel
- ½ unbehandelte Zitrone
- Leber, Herz und Magen der Poularde
- 3 Eßl. Butter
- ½ Bund Petersilie, frisch gehackt
- Salz · weißen Pfeffer, frisch gemahlen
- einige Safranfäden · 1 Knoblauchzehe

Etwa 1960 Joule/470 Kalorien pro Person
Zubereitungszeit: etwa 1¾ Stunden

Die Innereien aus der Poularde nehmen. Die Poularde innen und außen waschen und sehr gut abtrocknen.
• Die Frühlingszwiebeln waschen, abtrocknen und mit etwa einem Viertel des Grüns in dünne Ringe schneiden. Den Apfel schälen und vierteln. Das Kerngehäuse herausschneiden. Die Apfelviertel würfeln.

• Die Zitrone waschen, die Hälfte der Schale mit einem scharfen Messer dünn abschälen. Die Schale in feine Streifen schneiden. Die Zitrone auspressen.
• Die Innereien der Poularde feinwürfeln.
• Den Backofen auf 210° vorheizen.

• Für die Füllung 1 Eßlöffel Butter in einer Pfanne zerlassen, aber nicht bräunen. Die Zwiebeln und die Apfelwürfel bei mittlerer Hitze etwa 3 Minuten unter Rühren darin glasig werden lassen. Die Zitronenschale, die Innereien und die Petersilie zugeben und unter weiterem Rühren so lange anbraten, bis sich die Innereien grau färben. Mit Salz und Pfeffer würzen und lauwarm abkühlen lassen.

• Die Poularde innen und außen mit Salz und Pfeffer bestreuen und beides sehr gut einreiben.
• Die Füllung durch die Bauchöffnung in die Poularde geben. Drücken Sie dabei die Füllung bitte nicht zu fest hinein, denn sie dehnt sich beim Braten aus und könnte die Haut der Poularde platzen lassen.

• Die Öffnung der Poularde mit vier Zahnstochern zustecken. Die Zahnstocher waagerecht wie Stopfnadeln durch die Haut stecken, so daß die Öffnung geschlossen ist. Küchengarn zum Verschnüren kreuzweise über die Zahnstocher führen und zum Knoten binden.
• Die Poularde mit der Brust nach oben in einen Bräter legen. Der Bräter sollte so groß sein, daß Sie die Poularde ohne Schwierigkeiten wenden können. Den Bräter in den heißen Ofen auf die untere Schiene stellen.
• Die restliche Butter in einer Kasserolle zerlassen, aber nicht bräunen. Den Safran zerreiben und in die Butter geben.

• Die Knoblauchzehe schälen, durch die Knoblauchpresse drücken und in die Butter geben. Den Zitronensaft hinzufügen.
• Die Poularde etwa 1 Stunde und 15 Minuten braten, dabei nach der Hälfte der Bratzeit wenden. Während des Bratens immer wieder mit der Buttermischung bestreichen, damit die Haut schön bräunt und knusprig wird.

Das paßt dazu: Kartoffelkroketten oder Stangenweißbrot und gemischter Salat

Variante: Poularde auf Großmutterart

4 Scheiben entrindetes Toastbrot in Wasser einweichen und gut ausdrücken. Mit 200 g feingehackter Hühnerleber, 1 gewürfelten Zwiebel, 75 g gewürfeltem Räucherspeck und 4 Eßlöffeln gehackter Petersilie mischen. Die Blättchen von 2 Thymianzweigen, 4 Eßlöffel Sahne und 1 Ei daruntermischen. Die Füllung mit Salz und frisch gemahlenem schwarzen Pfeffer abschmekken. 1 Poularde von etwa 1,6 kg wie beschrieben vorbereiten und würzen. Die Füllung in die Poularde geben und die Bauchöffnung schließen. Die Poularde in einen verschließbaren Bräter legen und zugedeckt in den auf 210° vorgeheizten Backofen auf die untere Schiene schieben.
1 Stunde braten, dabei immer wieder mit zerlassener Butter bestreichen. Inzwischen 500 g kleine Kartoffeln (festkochende Sorte) und 250 g Schalotten schälen. 100 g Butter in einer Kasserolle zerlassen. 40 g Zucker unter Rühren in der Butter karamelisieren. Kartoffeln und Schalotten zugeben und im Karamel wenden. ⅛ l Fleischbrühe zugießen. Das Gemüse mit Salz würzen und in 15 Minuten bei schwacher Hitze garziehen lassen. Die Poularde mit den glasierten Gemüsen umlegen und weitere 15 Minuten ohne Deckel im Backofen bräunen. Mit Petersilie garniert servieren.

Junges Geflügel, das sich sein Futter selbst suchen darf, liefert das zarteste und schmackhafteste Fleisch. Es lohnt sich also, bei einem Händler zu kaufen, der freilaufende Tiere anbietet. Leider führt oft kein Weg an den Tiefkühl-Hühnchen aus der Batteriehaltung vorbei. Gefrorenes Geflügel sollte vor der Zubereitung langsam, das heißt mindestens zwölf Stunden, auftauen. Zum Braten im Backofen eignet sich nur wirklich junges Geflügel von etwa 6 Monaten. Die Haut können Sie zusätzlich noch mit aromatisierter Butter bestreichen. Das gibt eine köstliche, goldbraune Kruste, die jeder Feinschmecker schätzt.

Coq au vin

Läßt sich gut vorbereiten und schmeckt aufgewärmt besonders gut

Für Coq au vin, den Hahn in Wein, gibt es in fast jeder französischen Landschaft ein anderes Rezept. Die einen ersetzen den Cognac durch einen Marc, andere verzichten auf das Flambieren. Wieder andere schwören auf Weiß- statt Rotwein, und die nächsten würzen üppig mit Knoblauch.

Für 4 Personen brauchen Sie:
1 Masthähnchen oder Poularde von 1,3 kg
100 g durchwachsenen Räucherspeck
3 Zwiebeln · 3 Eßl. Öl · 2 Eßl. Butter
Salz · weißen Pfeffer, frisch gemahlen
1 Eßl. Mehl · 4 cl Cognac
½ l trockenen, kräftigen Rotwein
1 Bund Petersilie · 2 Zweige Thymian
1 Lorbeerblatt
200 g kleine weiße Zwiebeln
400 g Champignons · Saft von 1 Zitrone

Etwa 3595 Joule/860 Kalorien pro Person
Zubereitungszeit: etwa 2 Stunden

Das Hähnchen oder die Poularde in 8 Stücke teilen, abspülen und abtrocknen. Den Speck und die geschälten Zwiebeln in Würfel schneiden.

• 2 Eßlöffel Öl und 1 Eßlöffel Butter in einem Schmortopf erhitzen, den Speck darin bei schwacher Hitze auslassen. Die Würfel herausnehmen und beiseite stellen. Die Zwiebeln in dem Fett leicht bräunen, ebenfalls aus dem Topf nehmen und beiseite stellen. Das restlich Öl darin erhitzen.

• Das Fleisch salzen, pfeffern und bei mittlerer bis starker Hitze unter Wenden anbraten. Mit Mehl bestäuben, bräunen lassen und die Zwiebel wieder untermischen.

• Den Backofen auf 180° vorheizen. Die Kräuter waschen und trockenschwenken.

• Den Cognac in einer Schöpfkelle über einer Kerze erwärmen, entzünden und brennend über das Geflügel gießen, ausbrennen lassen. Den Wein hinzufügen.

• Den Bratfond unter Rühren loskochen, 2 Stengel Petersilie mit dem Thymian und dem Lorbeerblatt hineingeben und den Topf zugedeckt auf die untere Schiene des vorgeheizten Ofens schieben. Etwa 60 Minuten leise schmoren lassen.

• Die kleinen Zwiebeln schälen.

• Die übrige Butter zerlassen und die Zwiebeln hineingeben. Salzen, pfeffern und nach kurzem Anbraten zugedeckt etwa 20 Minuten nicht zu weich garen.

• Die Champignons putzen, waschen und mit dem Zitronensaft mischen.

• Die Zwiebeln herausnehmen und die Pilze samt dem Zitronensaft in den Topf geben. Salzen und Pfeffern und etwa 5 Minuten dünsten lassen.

• Die Geflügelteile aus dem Topf heben und warm stellen. Die Petersilien- und Thymianzweige samt Lorbeerblatt entfernen.

• Zum Entfetten der Sauce mehrmals nacheinander ein Blatt Haushaltspapier auf

die Oberfläche legen und, sobald sich ein Fettfilm abgesetzt hat, wieder entfernen.

• Die Geflügelteile mit den Speckwürfeln, Zwiebeln und Pilzen wieder in die Sauce geben und zugedeckt etwa 15 Minuten im Ofen leise köcheln lassen. Mit der restlichen gehackten Petersilie bestreuen.

Das paßt dazu: In Butter gebratene, mit Knoblauch gewürzte Weißbrotscheiben oder frisches Stangenweißbrot

Curry-Huhn

Würzig und feurig aus der indischen Küche

Ein köstliches Gericht, das sich ohne Probleme zubereiten läßt, denn das Hühnchen schmurgelt leise vor sich hin, ohne daß Sie sich darum kümmern müssen. Wichtig ist nur die feine Gewürzmischung. Verwenden Sie nicht das übliche Currypulver, sondern mixen Sie es selbst. Die Gewürze gibt es in gut sortierten Feinkostgeschäften.

Für 4 Personen brauchen Sie:
1 Poularde von ca. 1,4 kg
1 Zwiebel · 1–2 Knoblauchzehen
1 Stück frische Ingwerwurzel, etwa 2 cm lang
2 Eßl. Öl · 2 Eßl. Butter
⅜ l Wasser · 1 Teel. Fenchelsamen
1 Stück Stangenzimt, etwa 4 cm lang
1 Teel. Senfkörner · 5 Kardamomkörner
2 Teel. Gelbwurz (Kurkuma)
1 Teel. Kreuzkümmel (Cumin oder Djintan)
1 Stück Muskatblüte (Macis)
½ Teel. Anissamen
½ Teel. Koriander, gemahlen
1 Teel. Chili, gerebbelt
Salz · ½ Zitrone

Etwa 1890 Joule/450 Kalorien pro Person
Zubereitungszeit: etwa 3½ Stunden

Die Poularde innen und außen kalt abspülen, trockentupfen und in 8 Stücke teilen.
• Die Zwiebel und die Knoblauchzehen schälen und würfeln. Die Ingwerwurzel schälen, kurz abspülen und in feine Scheibchen schneiden.
• Das Öl und die Butter in einer Pfanne erhitzen. Die Geflügelstücke bei starker Hitze darin rundherum anbraten. Die Zwiebel, den Knoblauch und den Ingwer zugeben und unter Rühren anbraten, bis die Zwiebel glasig ist.
• Das Wasser dazugießen und den Bratfond unter Rühren lösen. Die Gewürze und das Salz dazugeben und alles gut mischen. Die Pfanne zudecken und das Curry-Huhn bei schwacher Hitze etwa 3 Stunden köcheln lassen.

• Das Fleisch sollte dann so weich sein, daß man es mit einem Löffel vom Knochen lösen kann.
• Die Zitrone auspressen und das Curry-Huhn mit dem Saft abschmecken.

Das paßt dazu: körnig gekochter Reis

Hühnerbrust mit Broccoli

Mit Stäbchen statt mit Messer und Gabel zu essen

Für 4 Personen brauchen Sie:
2 Eßl. Speisestärke · 4 Eßl. Sojasauce
3 Eßl. Reiswein oder trockenen Sherry
weißen Pfeffer, frisch gemahlen
4 doppelte Hühnerbrüstchen von je etwa 225 g · 1 kg Broccoli · Salz
40 g Sesamsamen
4 Eßl. geschmacksneutrales Öl
¼ l Hühnerbrühe · 1 Prise Zucker
Saft von ½ Zitrone · Cayennepfeffer
Sambal Oelek

Pro Person etwa 1945 Joule/465 Kalorien
Zubereitungszeit: etwa 45 Minuten

Die Speisestärke mit knapp der Hälfte der Sojasauce, 2 Eßlöffeln Reiswein oder Sherry und etwas Pfeffer in einer Schüssel verrühren.

• Die Haut von den Hühnerbrüstchen abziehen und das Fleisch mit einem senkrechten Schnitt jeweils beidseitig direkt am Knochen lösen. Das Fleisch quer zur Faser in sehr dünne Streifen schneiden, in die Marinade legen, gründlich darin wenden und zugedeckt 15–20 Minuten durchziehen lassen.
• Vom Broccoli die Blätter entfernen.

• Die Röschen abschneiden und auf möglichst gleiche Größe bringen, damit sie gleiche Garzeiten haben. Die Enden dünn schälen, die kleinen Blättchen müssen nicht entfernt werden. Die Strünke etwas dicker abschälen und in Stifte schneiden.
• Die Röschen und die Stifte in sprudelnd kochendes Salzwasser geben, 4 Minuten kochen lassen und mit einem Schaumlöffel herausheben. Sofort in mit Eiswürfeln gemischtes Wasser geben. Dieses »Abschrecken« sorgt dafür, daß die frische grüne Farbe erhalten bleibt.
• Den Broccoli völlig auskühlen lassen, dann zum Abtropfen auf ein Sieb geben.

• Eine Pfanne ohne Fett kräftig erhitzen, die Sesamsamen hineinschütten und unter ständigem Rühren goldgelb rösten. Auf einen Teller schütten und beiseite stellen.
• Etwas Öl in der noch heißen Pfanne erhitzen. Das Hühnerfleisch aus der Marinade heben und etwas abtropfen lassen.
• Das Fleisch in winzigen Portionen in die Pfanne geben und unter ständigem Wenden sehr schnell bräunen. Sofort herausnehmen und in einem Sieb (mit einem Teller darunter) beiseite stellen. Wenn nötig, hin und wieder etwas Öl in der Pfanne erhitzen, bevor die nächste Fleischportion hineingelegt wird.

• Sobald das gesamte Fleisch angebraten ist, das restliche Öl in der Pfanne erhitzen und den Broccoli darin bei recht starker Hitze rundherum anbraten, jedoch nicht braun werden lassen. Darum muß das Gemüse in jedem Fall ständig gewendet werden.
• Die Hühnerbrühe in die Schüssel gießen, in der das Fleisch mariniert wurde, und auf diese Weise die restliche Marinade lösen. Sofort unter den Broccoli rühren und bei starker Hitze 2–3 Minuten kochen lassen.
• Das Hühnerfleisch mit dem inzwischen ausgetretenen Fleischsaft untermischen und noch einmal heiß werden, jedoch nicht mehr kochen lassen.
• Mit der restlichen Sojasauce, dem Reiswein oder Sherry, Salz, Pfeffer, Zucker, dem Zitronensaft, Cayennepfeffer und Sambal Oelek pikant bis scharf abschmecken. Anrichten, mit den Sesamsamen bestreuen und sofort servieren.

Das paßt dazu: am besten körnig gekochter Reis oder auch Stangenweißbrot

Variante: Rinderfilet mit grünem Spargel

Etwa 600 g Rinderfilet quer zur Faser in Scheiben, dann in feine Streifen schneiden und, wie das Hühnerfleisch, in der Marinade ziehen lassen. Zwischenzeitlich etwa 1 kg grünen Spargel jeweils nur an den unteren Stangenenden schälen und dabei eventuelle holzige Stücke entfernen. Die Stangen dann schräg in etwa 3 cm lange Stücke schneiden, in sprudelnd kochendem Salzwasser 2–3 Minuten blanchieren, abschrecken und ebenfalls abtropfen beziehungsweise abkühlen lassen. Das Fleisch, wie im Rezept angegeben, braten, herausnehmen und den Spargel in die Pfanne geben. Die weitere Zubereitung entspricht der für das Hühnerfleisch. Sie können die Sesamsamen auch einmal durch geschälte, halbierte Mandeln oder auch durch die entsprechende Menge Kokosflocken ersetzen

Variante: Schweinefleisch mit Gemüse

Es kann mit Broccoli oder auch mit Spargel zubereitet werden, sonst ergeben sich keine weiteren Unterschiede. Verwenden Sie dazu am besten Schweinefilets oder auch erstklassiges Fleisch aus der Keule, das etwas preiswerter ist.

Problemlose Zubereitung, kurze Garzeiten und ausgesprochen gute Bekömmlichkeit zeichnen dieses Gericht aus, das sich an die Rezepte der asiatischen Küche anlehnt. Wichtigste Voraussetzungen für das optimale Gelingen: Das Fleisch muß in kleinen Portionen schnell angebraten werden, das Gemüse »Biß« behalten, und das Fleisch sollte in der Flüssigkeit lediglich erhitzt werden, dabei jedoch nicht mehr kochen. Beim Würzen können Sie Ihrer Phantasie völlig freien Lauf lassen. So passen zum Beispiel winzige Knoblauchwürfelchen oder sehr feine Paprikastreifen (möglichst rote) sehr gut dazu. Den Broccoli können Sie auch durch Zucchini ersetzen.

Rehrücken rosa gebraten

Rehrücken gehört zum klassischen Repertoire der Kochkunst

Für 4 Personen brauchen Sie:
1 Rehrücken von ca. 1,5 kg
1 Speckschwarte oder 50 g durchwachsenen Räucherspeck
4 Eßl. Öl · 1 Knoblauchzehe
1 Zwiebel · 1 Möhre
1 Stückchen Knollensellerie (ca. 100 g)
6 Wacholderbeeren · 1 Lorbeerblatt
½ Teel. Senfkörner
8 schwarze Pfefferkörner
1 Gewürznelke · 1 Zweig Rosmarin
1½ Eßl. Preiselbeeren aus dem Glas
¼ l trockenen, kräftigen Rotwein
1 gehäuften Eßl. Mehl · Wasser
30 g Butter · 150 g Crème fraîche · Salz
schwarzen Pfeffer, frisch gemahlen
ein paar Tropfen Zitronensaft
1 Prise Cayennepfeffer

Pro Person etwa 3295 Joule/785 Kalorien
Zubereitungszeit: etwa 2 Stunden

Den Rehrücken sollten Sie möglichst schon vom Händler sorgfältig häuten und sich alle Reste mitgeben lassen. Den Rücken vor der Zubereitung mit einem feuchten Tuch abwischen, um eventuelle Knochen- oder auch Fellreste zu entfernen. Anschließend das Fleisch unbedingt wieder sehr sorgfältig trockentupfen, damit sich beim Braten die Poren sofort schließen können.

• Mit einem sehr scharfen Messer die kleinen Filets unterhalb der Wirbelsäule und die großen Rückenfilets, die auf den Rippen liegen, direkt vom Knochen ablösen. Das Fleisch dann nochmals sehr gründlich von allen Haut- und Fettresten säubern und diese Reste beiseite legen. Sie werden später verwendet.
• Das Knochengerüst (die Karkasse) mit einem Küchenbeil in gleichmäßige kleine Stücke schlagen. Das geht am besten, wenn Sie die Rippen vorher ebenfalls mit

einem kräftigen, gezielten Schlag ganz sauber abtrennen.
• Die Speckschwarte oder den Speck in kleine Würfel schneiden und in einem großen Bratentopf auslassen. Dabei etwa 1 Eßlöffel Öl zufügen.
• Alle Knochen zusammen mit sämtlichen Hautresten zufügen und unter häufigem Wenden rundherum Farbe nehmen lassen.
• In der Zwischenzeit die Knoblauchzehe und die Zwiebel schälen, die Möhre und den Sellerie putzen, waschen und alles in Stücke schneiden. Zu den Knochen geben und unter Wenden hellbraun werden lassen. Die Wacholderbeeren zusammen mit dem Lorbeerblatt, den Senf- und Pfefferkörnern und der Nelke untermischen. Den Rosmarin abspülen, trockenschwenken und ebenfalls in den Topf geben.

• Die Preiselbeeren unterrühren und den Bratfond mit einem Schuß Rotwein loskochen, wobei stets mit einem Holzspatel über den Topfboden geschabt wird.
• Diesen Wein bei starker Hitze unter mehrfachem Umrühren einkochen lassen, bis am Topfboden keine Flüssigkeit mehr zu sehen ist. Nun erneut einen kräftigen Schuß Wein angießen und auch diesen einkochen lassen.
• Das Mehl mit einem kleinen Sieb darüberstäuben, unterrühren und, sobald es leicht gebräunt ist, den restlichen Wein einrühren. Sofort soviel Wasser dazugießen, daß sämtliche Zutaten fast bedeckt sind. Bei starker Hitze aufkochen und bei mittlerer Hitze halb bedeckt etwa 1 Stunde leise köcheln lassen.
• Das restliche Öl in einem Bräter oder in einer Pfanne erhitzen und die Butter darin heiß werden lassen.

• Die Rückenfilets trockentupfen und in das Fett legen – bei einer nicht sehr großen Pfanne jeweils in der Mitte teilen. Unter ständigem Wenden rundherum in etwa 10 Minuten bei mittlerer Hitze anbraten.
• Die kleinen echten Filets ebenfalls trockentupfen und etwa 2 Minuten mitbraten.
• Das Fleisch in Alufolie wickeln und etwa 15 Minuten ruhen lassen.
• In dieser Zeit den Bratfond durch ein Spitzsieb gießen und dabei Fleisch, Knochen und Gemüse ein wenig ausdrücken.
• Den Fond in einem Topf wieder zum Kochen bringen, die Crème fraîche einrühren und cremig einkochen lassen.

• Die Sauce zum Schluß mit Salz, Pfeffer, ein paar Tropfen Zitronensaft und einem Hauch Cayennepfeffer abschmecken.
• Die Filets salzen und pfeffern, schräg zum Faserverlauf in Scheiben schneiden. Die Sauce getrennt dazu reichen.

Das paßt dazu: Rosenkohl oder Broccoli und Spätzle oder Salzkartoffeln

Der alte Brauch, den Rehrücken zu spikken, ihn tagelang zu beizen und dann auch noch stundenlang zu schmoren, wird heute nicht nur von den Köchen, sondern auch von den meisten Hausfrauen abgelehnt. Denn dieses äußerst zarte und magere Fleisch verdient eine bessere Verarbeitung! Nur in Butter oder in einem Öl-Butter-Gemisch sanft gebraten, bleiben Saft und Aroma erhalten. Ganz wichtig ist aber die Ruhezeit nach dem Braten, denn sonst verlieren die empfindlichen Fasern trotzdem ihren Saft und werden trocken. Die kräftige Sauce kocht man vorher aus den Knochen und sämtlichen anderen »Abfällen«.

Hasenschmortopf mit Backpflaumen

Eine ungewöhnliche Kombination für Feinschmecker

Sie können dieses köstliche Gericht mit einem Stall- oder einem Wildhasen zubereiten. Lassen Sie das Tier schon von Ihrem Wildhändler in Läufe, zwei Rückenteile und die Bauchlappen zerlegen. Bei den Backpflaumen sollten Sie nicht sparen: kaufen Sie nur entsteinte, ungeschwefelte Früchte bester Qualität.

Für 6 Personen brauchen Sie:
1 unbehandelte Orange
400 g entsteinte Backpflaumen
2 Gläser Weinbrand (4 cl)
½ l trockenen Weißwein
1 küchenfertigen Hasen von etwa 2 kg
100 g mageren Räucherspeck
2 Schalotten · 2 Möhren
3 Eßl. Öl · 1 Eßl. Butter
Salz · weißen Pfeffer, grob geschrotet
2 Zweige Thymian · 1 Lorbeerblatt
3 Wacholderbeeren · 1 Gewürznelke
1 Stück Stangenzimt, etwa 2 cm lang
⅛ l Sahne

Etwa 3600 Joule/860 Kalorien pro Person
Zubereitungszeit: etwa 1½ Stunden
Marinierzeit: 3 Stunden

Die Orange unter fließendem heißen Wasser abwaschen und mit Küchenpapier sehr gut trockenreiben. Die Orange zu etwa ¼ so dünn abschälen, daß keine weißen Häutchen an der Schale haften, denn diese schmecken bitter. Die Schale in ganz feine Streifen schneiden. Die Orange halbieren und auspressen.

• Die Backpflaumen kurz kalt abspülen und mit Küchenpapier trockentupfen, mit der Orangenschale in eine Schüssel legen und mit dem Orangensaft und dem Weinbrand übergießen. ¼ l Weißwein zugeben und zugedeckt 3 Stunden ziehen lassen.
• Den Backofen auf 200° vorheizen.
• Die Hasenstücke trockentupfen.
• Den Räucherspeck, die geschälten Schalotten und die geschabten, gewaschenen Möhren würfeln.
• Das Öl und die Butter in einem großen Schmortopf erhitzen. Den Speck darin unter häufigem Wenden bei mittlerer Hitze auslassen, mit einem Schaumlöffel herausheben und beiseite stellen.
• Die Hasenstücke portionsweise von allen Seiten im Fett anbräunen.
• Die Schalotten und die Möhren unter Rühren anbraten. Die Hasenstücke wieder in den Topf legen, den Speck zugeben und den restlichen Weißwein angießen. Den Bratfond mit der Flüssigkeit lösen.
• Die Hasenstücke mit Salz und Pfeffer würzen. Die gewaschenen Thymianzweige, das Lorbeerblatt und die Gewürze zugeben. Den Schmortopf schließen und in den Ofen auf die untere Schiene stellen.
• Den Hasen 40 Minuten schmoren. Während dieser Zeit zweimal wenden und mit der Schmorflüssigkeit begießen.
• Die Backpflaumen mit der Einweichflüssigkeit zum Hasen geben und vorsichtig untermischen. Die Sahne angießen. Die Hasenstücke mit den Backpflaumen weitere 30 Minuten schmoren.

Das paßt dazu: Spätzle oder Weißbrot

Wildgulasch russische Art

Braucht durch das Marinieren etwas Zeit

Am besten eignet sich Schulterfleisch von Reh oder Hirsch, das Ihnen der Händler von Fett, Sehnen und Häuten befreit. Kaufen Sie kein bereits fertiges »Ragout« oder »Gulasch«, die Fleischstücke stammen meist von verschiedenen Teilen eines Tieres und haben darum auch unterschiedliche Garzeiten.

Für 4 Personen brauchen Sie:
1 Zwiebel · 2 Bund Suppengrün
900 g Wildfleisch, gewürfelt
1 Gewürznelke · 1 Lorbeerblatt
½ l trockenen Rotwein
40 g getrocknete Mischpilze
4 Eßl. Öl · 1 Eßl. Mehl
2 Eßl. Himbeeressig · Salz
schwarzen Pfeffer, frisch gemahlen
1 rote Bete · 2 Gewürzgurken
1 Becher Crème fraîche (200 g)

Etwa 2080 Joule/500 Kalorien pro Person
Zubereitungszeit: etwa 1¾ Stunden
Marinierzeit: 6 Stunden

Die Zwiebel schälen und kleinwürfeln. Das Suppengrün putzen, waschen und ebenfalls in feine Würfel schneiden.
• Das Wildfleisch in einer Schüssel mit der Zwiebel, dem Suppengrün, der Gewürznelke und dem Lorbeerblatt mischen. Alles mit dem Rotwein übergießen und zugedeckt kühl marinieren.
• Die Pilze in lauwarmem Wasser in 4 Stunden quellen lassen.
• Das Fleisch aus der Marinade nehmen und trockentupfen. Die Marinade durch ein Sieb gießen.
• Das Öl erhitzen. Das Fleisch bei starker Hitze darin anbraten. Das Gemüse zugeben und kurz mitbraten.

• Mit dem Mehl bestäuben und dieses braun rösten. Den Himbeeressig und die Marinade dazugeben. Alles mit Salz und Pfeffer würzen und 45 Minuten bei schwacher Hitze zugedeckt schmoren lassen.
• Inzwischen die rote Bete schälen, waschen, zuerst in Scheiben und diese dann in Stifte schneiden. Zum Fleisch geben und weitere 15 Minuten schmoren. Die Pilze mit dem Einweichwasser zugeben und 15 Minuten mitschmoren lassen.
• Die Gewürzgurken in Stifte schneiden und mit der Crème fraîche unter das Ragout mischen. Alles noch einmal erhitzen, aber nicht mehr stark kochen lassen.

Ratatouille

Köstlicher Gemüse-Eintopf auf südfranzösische Art

Für 6 Personen brauchen Sie:
500 g kleine, schlanke Auberginen
Salz · 500 g kleine Zucchini
500 g grüne, rote und gelbe Paprikaschoten, gemischt
500 g Flaschen- oder Fleischtomaten
1 Gemüsezwiebel · 3 Knoblauchzehen
⅛ l kaltgepreßtes Olivenöl
schwarzen Pfeffer, frisch gemahlen
2 Zweige Thymian · 1 Zweig Rosmarin
¼ Bund Petersilie
1 frisches Lorbeerblatt
kaltgepreßtes Olivenöl zum Beträufeln

Etwa 1675 Joule/400 Kalorien pro Person
Zubereitungszeit: etwa 1¼ Stunden

Die Auberginen waschen, trockenreiben und in etwa ½ cm dicke Scheiben schneiden, die Stiel- und die Blütenansätze dabei entfernen.
• Die Scheiben auf beiden Seiten mit Salz bestreuen. Das Salz entzieht den Auberginen einen Teil der Flüssigkeit; sie spritzen dann beim Anbraten nicht mehr so stark und saugen auch weniger Öl auf.

• Die Auberginenscheiben 10 Minuten ziehen lassen, dann mit Küchenpapier sorgfältig trockentupfen.
• Die Zucchini waschen, abtrocknen und in ½ cm dicke Scheiben schneiden. Dabei ebenfalls alle Stiel- und Blütenansätze entfernen. Die Paprikaschoten vierteln. Die Trennwände und die Kerne herausschneiden. Die Schotenviertel unter fließendem kaltem Wasser abspülen, gut abtrocknen und noch einmal längs teilen. Die Tomaten mit kochendem Wasser übergießen, kurz ziehen lassen, dann abschrecken. Die Tomaten enthäuten und längs halbieren oder vierteln. Dabei die Stielansätze und die Kerne entfernen. Die Gemüsezwiebel schälen und in möglichst dünne, sehr gleichmäßige Scheiben schneiden.
• Die Knoblauchzehen schälen und mit einem kleinen scharfen Messer zuerst in Streifen schneiden, dann ganz fein würfeln.
• Den Backofen auf 220° vorheizen.
• Das Olivenöl in einer Pfanne portionsweise erhitzen. Zuerst die Auberginenscheiben von beiden Seiten darin anbraten. Sie sollen braun, aber noch nicht weich sein. Die Auberginen aus der Pfanne nehmen und auf Küchenpapier legen, damit sie etwas abfetten können und dadurch leichter bekömmlich werden.

• Die restlichen Gemüse nun gesondert im erhitzten Olivenöl anbraten. Die Gemüse jeweils wieder aus der Pfanne nehmen und gesondert auf verschiedenen Tellern bereitstellen.
• Die Gemüse lagenweise in eine flache, feuerfeste Form schichten. Jede Lage salzen und mit Pfeffer bestreuen.
• Den Thymian, den Rosmarin, die Petersilie und das Lorbeerblatt unter fließendem, kaltem Wasser abspülen und sehr gut trockenschwenken oder, noch besser, mit Küchenpapier trockentupfen.

• Die Kräuter mit einem Stück Küchengarn zusammenbinden. So lassen sie sich nach dem Schmoren leicht wieder aus dem Gemüse heben und es bleiben keine harten Stiele in der Ratatouille zurück. Überhaupt sollten Sie ganze Kräuterzweige immer zum Sträußchen gebunden in Suppen, Eintöpfe oder Schmorgerichte geben, damit Sie sie später besser entfernen können.

• Die Kräuter auf das Gemüse legen und das Gemüse mit Olivenöl beträufeln. Legen Sie dazu den Daumen halb über die Öffnung der Ölflasche. So läßt sich das Öl gut dosieren.
• Die Ratatouille in den vorgeheizten Backofen auf die zweite Schiene von unten stellen und in etwa 30 Minuten garen. Den Topf herausnehmen. Wenn sich sehr viel Flüssigkeit gebildet hat, können Sie diese vorsichtig in einen Topf abgießen, auf die gewünschte Konsistenz einkochen lassen und wieder über das Gemüse geben.
• Die Ratatouille sofort servieren oder lauwarm abkühlen lassen.

Das paßt dazu: frisches französisches Stangenweißbrot oder auch dunkles Roggenbrot mit Butter

Variante: Peperonata

1 kg rote, grüne und gelbe Paprikaschoten, gemischt, längs vierteln. Die Kerne und die Trennwände entfernen. Die Schoten kalt abspülen und abtrocknen. 500 g reife Tomaten enthäuten, von Stielansätzen und Kernen befreien und in Stücke schneiden. 2 große Gemüsezwiebeln und 3 Knoblauchzehen schälen. Die Zwiebeln grobwürfeln, die Knoblauchzehen halbieren. 2 Eßlöffel Olivenöl in einem großen Topf erhitzen. Die Zwiebeln und die Knoblauchzehen darin glasig braten. Die Gemüse zugeben. 100 ccm (6–7 Eßlöffel) Olivenöl über das Gemüse gießen. Je 2 Zweige Thymian, Rosmarin und Oregano zum Gemüse geben. Die Peperonata zugedeckt bei schwacher Hitze 30 Minuten garen, dabei häufig umrühren. Mit Salz und schwarzem Pfeffer würzen.

Diese Spezialität aus Nizza sollten Sie möglichst im Sommer zubereiten, denn Ratatouille schmeckt nur mit wirklich frischem, sonnengereiftem Gemüse und würzig-frischen Kräutern. Das Originalrezept schreibt eine Garzeit von mindestens 1 Stunde vor; die Gemüse sind dann weich, beinahe verkocht. Wir folgen dem modernen Trend und schmoren die Ratatouille nur halb so lange; sie ist dann genauso saftig, hat aber noch »Biß«. Ratatouille können Sie warm oder kalt servieren. Sie schmeckt nicht nur als Vorspeise, sondern auch als Hauptgericht (für 4 Personen) und hält sich im Kühlschrank etwa 3 Tage.

Pizza succulenta

Ideal für Feste und Gäste

Für 4 Personen brauchen Sie:
250 g Mehl · 20 g Hefe
⅛ l lauwarmes Wasser · Salz
2 große Dosen geschälte Tomaten
2 Knoblauchzehen · 5 Eßl. Olivenöl
schwarzen Pfeffer, frisch gemahlen
1 Teel. zerriebenen Oregano
1 Bund Basilikum · Mehl zum Ausrollen
Öl zum Einfetten und Bestreichen
2 Eßl. Sardellenpaste · 150 g Champignons
150 g mageren gekochten Schinken
50 g schwarze Oliven
8 mild eingelegte Peperoni
5 Artischockenherzen aus der Dose
4 Sardellenfilets · etwa 400 g Mozzarella
2 Eßl. frisch geriebenen Pecorino
oder Parmesan
Olivenöl zum Beträufeln

Etwa 3455 Joule/825 Kalorien pro Person
Zubereitungszeit: etwa 1 Stunde
Ruhezeiten: etwa 45 Minuten

Das Mehl in eine Schüssel sieben, in die Mitte eine Mulde drücken und die Hefe hineinbröckeln.

- Etwas Wasser angießen und die Hefe damit und mit etwas Mehl vom Rand zum Vorteig verrühren. Mit einem Tuch bedekken und in 10–15 Minuten aufgehen lassen.
- Das restliche Wasser mit einer kräftigen Prise Salz zufügen und alles zu einem glatten, elastischen Teig verarbeiten. Diesen schlagen, bis er Blasen wirft und sich vom Schüsselrand löst. Erneut etwa 30 Minuten gehen lassen.
- In der Zwischenzeit die Tomaten auf einem Sieb abtropfen lassen und feinhacken oder mit dem Kartoffelstampfer zerdrücken. Die Knoblauchzehen schälen und sehr fein würfeln oder durch die Presse drücken.
- Etwa 3 Eßlöffel Öl in einem Topf erhitzen, den Knoblauch sekundenlang darin anbraten, jedoch nicht bräunen und die Tomaten zufügen. Mit Salz, Pfeffer und dem Oregano würzen und kochen lassen, bis die Masse dickflüssig geworden ist. Danach leicht abkühlen lassen.
- Das Basilikum abspülen, trockentupfen und in feine Streifen schneiden.
- Den Hefeteig auf der bemehlten Arbeitsfläche durchkneten.
- Zwei Pizzaformen oder ein großes Backblech mit etwas Öl einfetten.

- Den Teig halbieren und jede Hälfte zu einem runden, dünnen Fladen ausrollen. Diese in die vorbereiteten Formen oder auf das Blech legen.

- Die Sardellenpaste mit dem restlichen Olivenöl verrühren und die Teigplatten gleichmäßig damit bestreichen. Die Böden danach mehrfach mit einer Gabel einstechen, damit sie gleichmäßig und blasenfrei backen können.
- Das Basilikum unter die recht feste Tomatensauce mischen und diese auf die beiden Pizzas streichen.
- Die Champignons putzen, wenn nötig, waschen und blättrig schneiden. Den Schinken in Streifen teilen.
- Den Backofen auf etwa 200° vorheizen.
- Die Oliven, die Peperoni, die Artischokkenherzen und die Sardellenfilets abtropfen lassen. Die Oliven halbieren, die Artischockenherzen vierteln und die Sardellen in kleine Stücke teilen. Den Mozzarella in kleine Scheiben schneiden.

- Die Zutaten auf den Pizzas verteilen.
- Den geriebenen Pecorino oder Parmesan gleichmäßig darüber verteilen und beide Pizzas üppig mit Olivenöl beträufeln.
- Die Pizzas auf die Mittelschiene des heißen Ofens schieben und in 15–20 Minuten backen, bis der Teig gar ist und die Ränder knusprig sind.

Unser Tip: Selbstverständlich können Sie den Pizzateig auch als große Fläche auf einem Backblech ausrollen und belegen.

Variante: Pizza Margherita

Sie präsentiert sich in den italienischen Landesfarben und ist sehr einfach zuzubereiten: Den Boden mit gehäuteten, entkernten Tomatenscheiben oder mit passierten Tomaten bedecken, mit Mozzarellascheiben und Basilikumblättchen belegen. Salzen und mit Olivenöl beträufeln.

Variante: Pizza alla marinara

Sie bekommt einen Belag aus gehäuteten, entkernten und gut abgetropften Tomatenstückchen, Knoblauchscheiben, Sardellen- oder Anchovisfilets und reichlich Olivenöl. Hin und wieder kommen auch ein paar Kapern dazu, und in jedem Fall würzt man den Belag mit viel schwarzem Pfeffer.

Variante: Pizza quattro stagioni

Diese »Vier-Jahreszeiten-Pizza« ist sicherlich eine der populärsten in sämtlichen Pizzerien. Für diese Version wird der Boden mit dem Messerrücken zu Vierteln eingekerbt oder auch durch zwei dünne, kreuzweise übereinandergelegte Teigstreifen geteilt. Nun bekommt jedes Viertel einen anderen Belag, zum Beispiel Muscheln für das erste, Sardellen, Oliven und Knoblauch für das zweite, Tomaten, Mozzarella und Basilikum für das dritte und geviertelte Artischockenherzen und Schinkenstreifen für das letzte Viertel. Alles üppig mit Olivenöl beträufeln und nach Wunsch auch mit etwas zerriebenem Oregano bestreuen.

Ursprünglich war die Pizza ein simples Fladenbrot, das nur mit Knoblauch, Kräutern, Oliven oder auch Schweinegrieben belegt wurde. Viel später entwickelte man dann in Neapel (und die Neapolitaner sind sehr stolz darauf) die erste Tomatenpizza, die auch heute noch als Pizza Napoletana äußerst beliebt ist. Für diese belegt man den Boden mit gehäuteten, entkernten und gut trockengetupften Tomatenscheiben, bestreut sie mit zerriebenem Oregano (manchmal auch mit ein paar Basilikumblättern) und einigen Knoblauchscheiben und träufelt reichlich Olivenöl darüber. Das nebenstehende Rezept ist ein Beispiel für eine besonders saftige Pizza.

Lasagne verdi al forno

Braucht leider etwas Zeit, aber diese Mühe lohnt sich immer

Für 6 Personen brauchen Sie:
Etwa 250 g grüne Lasagne-Blätter · Salz
80 g durchwachsenen Räucherspeck
2 Zwiebeln · 2 Knoblauchzehen
3 Stangen Bleichsellerie · 2 Möhren
3 Fleischtomaten · 4 Eßl. Olivenöl
300 g gemischtes Hackfleisch
⅛ l heiße Fleischbrühe
1 kräftigen Schuß Rotwein
1 Eßl. Tomatenmark
schwarzen Pfeffer, frisch gemahlen
1 Prise Zucker · 4 Zweige Oregano
½ Bund Petersilie · 6 Eßl. Sahne
60 g Butter · 60 g Mehl · ¾ l heiße Milch
Muskatnuß, frisch gerieben
weißen Pfeffer, frisch gemahlen
200 g Mozzarella · Butter zum Einfetten
80 g Parmesan, frisch gerieben

Etwa 3475 Joule/830 Kalorien pro Person
Zubereitungszeit: etwa 2 Stunden

Schauen Sie zuerst auf der Lasagne-Packung nach, ob Sie die Nudeln vorkochen müssen. Denn heute werden auch solche angeboten, die ungekocht verarbeitet werden können. Im ersten Fall reichlich Wasser mit Salz zum Kochen bringen, die Lasagne-Blätter hineinlegen und nach Packungsaufschrift garen.
• Im kalten Wasser abschrecken und sehr gut abtropfen lassen (das geht am besten auf einem großen Kuchengitter).
• Den Speck sehr fein würfeln. Die Zwiebeln und die Knoblauchzehen schälen, die Zwiebeln ebenfalls würfeln, den Knoblauch feinhacken oder zerdrücken.

• Die Bleichselleriestangen von möglichen harten Fasern befreien. Dazu mit einem kleinen, spitzen Messer am unteren Ende unter die Fasern fahren und diese gleichmäßig zum Blattansatz hin abziehen. Die Stangen der Länge nach in feine Streifen und diese in Würfel schneiden. Die Sellerieblätter feinhacken und zufügen.
• Die Möhren schaben und feinwürfeln.

Die Tomaten mit kochendem Wasser überbrühen, enthäuten, von ihren Stielansätzen und den Kernen befreien und das Fruchtfleisch feinhacken.
• Den Speck in einem Topf ausbraten, das Olivenöl darin erhitzen und das vorbereitete Gemüse mit Ausnahme der Tomaten hineingeben. Unter ständigem Rühren braten, bis die Flüssigkeit verdampft ist.
• Das Hackfleisch zufügen und unter ständigem Weiterrühren braten, bis es feinkrümelig und grau geworden ist. Die Tomaten daruntermischen und die heiße Fleischbrühe dazugießen.

• Einen kräftigen Schuß Rotwein angießen, das Tomatenmark unterrühren und alles mit Salz, Pfeffer und dem Zucker würzen.
• Die Kräuter abspülen, trockenschwenken und feingehackt unterrühren. Die Sauce zugedeckt etwa 20 Minuten bei schwacher Hitze köcheln lassen. Dabei hin und wieder gut durchrühren. Erst dann die Sahne daruntermischen.
• Während diese »Sauce Bolognese« kocht, die »Sauce Béchamel« zubereiten. Dazu die Butter in einem Topf erhitzen und das Mehl darin unter Rühren durchschwitzen lassen.

• Sobald sich auf der Oberfläche ein weißlicher Schaum zeigt, die heiße Milch unter weiterem Rühren angießen und die Sauce bei schwacher Hitze etwa 10 Minuten kochen lassen, bis sie recht dickflüssig und cremig ist. Mit Salz, weißem Pfeffer und Muskat abschmecken.
• Den Mozzarella abtropfen lassen, in Scheiben schneiden und diese würfeln. Eine feuerfeste Form einfetten. Den Backofen auf 200° vorheizen.
• Eine Lage Lasagne-Blätter in die Form legen (bei nicht vorgekochten Blättern mit einer dünnen Schicht Béchamelsauce beginnen) und gleichmäßig mit der Fleischsauce bedecken.

• Etwas Béchamelsauce darauf verteilen, mit ein paar Mozzarellawürfeln und etwas Parmesan bestreuen, wieder mit Lasagne abdecken und auf diese Weise alle Zutaten einfüllen.

• Die letzte Schicht sollte aus Béchamelsauce und Käse bestehen.
• Die Form auf die mittlere Schiene des Ofens schieben und den Auflauf 25–30 Minuten überbacken, bis die Oberfläche knusprig braun geworden ist.

Das paßt dazu: Grüner oder gemischter Salat, wenn Sie die Lasagne als Hauptgericht servieren. Als Vorspeise oder als Zwischengericht serviert können Sie darauf verzichten. Die Menge reicht dann übrigens für 10 Personen.

Diese überbackenen grünen Nudeln werden in ihrer italienischen Heimat sehr häufig serviert, mal als Vorspeise, mal als Zwischenmahlzeit, und, allerdings seltener, als Hauptgericht. Die Zutaten variieren dabei stets ein wenig, denn nicht selten verarbeiten italienische Hausfrauen auf diese Weise auch Reste. So kommen manchmal Gemüse, ein paar zerschnittene Artischockenherzen, ein paar Erbsen oder Pilze, etwas Spinat und/oder Oliven) dazu. Aber auch Geflügelleber und Geflügelfleisch, Sardellenfilets oder Schinkenstückchen sind oftmals anzutreffen. Und natürlich schichtet man nicht nur grüne, sondern auch helle Lasagne in die Form.

Spaghetti al pesto

In Italien Vorspeise, bei uns meistens mit einem Salat Hauptgericht

Spaghetti kochen kann doch jeder, denkt man immer, und doch werden stets viele Fehler gemacht. Kaufen Sie nur Nudeln von bester Qualität, der Preisunterschied macht sich immer bezahlt. Garen Sie sie in viel sprudelnd kochendem Wasser: pro 100 g brauchen Sie unbedingt 1 l, vermischt mit etwa 10 g Salz.

Für 4 Personen brauchen Sie:
4–5 Knoblauchzehen · 40 g Pinienkerne
3 Bund Basilikum · Salz
weißen Pfeffer, frisch gemahlen
⅛ l kaltgepreßtes Olivenöl
2–3 Eßl. Pecorino, frisch gerieben
4 l Wasser · 1 Schuß Olivenöl
400 g Spaghetti

Etwa 3305 Joule/790 Kalorien pro Person
Zubereitungszeit: etwa 1 Stunde

Die Knoblauchzehen schälen und zusammen mit den Pinienkernen sehr feinhacken.
• Die gewaschenen, trockengetupften Basilikumblättchen in Streifen schneiden und in einem Mörser mit 2–3 Messerspitzen Salz sorgfältig zerdrücken.
• Den Knoblauch und die Pinienkerne zufügen, etwas Pfeffer darübermahlen und alles zu einer glatten Paste verarbeiten. Nach und nach das Olivenöl wechselweise mit dem Pecorino untermischen. Den Pesto zugedeckt beiseite stellen.
• Das Wasser mit etwa 40 g Salz in einem großen Topf mindestens 2–3 Minuten sprudelnd kochen lassen.

• Einen kräftigen Schuß Olivenöl hineingießen, damit die Nudeln beim Kochen nicht so leicht aneinanderkleben. Erneut kräftig durchkochen lassen und erst dann die Spaghetti nach und nach hineinschieben. Die Nudeln unter mehrfachem Umrühren »al dente« kochen. Die Garzeit richtet sich dabei nach der Frische und der Stärke der Spaghetti. Am besten nehmen Sie eine Nudel heraus, sobald ihre gelbliche Farbe blasser wird und probieren sie. Der Kern der Nudel darf nicht mehr hart sein, muß aber trotzdem noch leichten Biß haben. Die Spaghetti in einen Durchschlag schütten (etwas Kochwasser dabei auffangen) und sehr gut trockenschwenken. Nicht abschrecken! Die Spaghetti in einer vorgewärmten Schüssel anrichten.
• 2–3 Eßlöffel Kochwasser unter den Pesto rühren und über den Nudeln verteilen.

Variante: Spaghetti mit Tomatensauce

750 g Fleischtomaten enthäuten und feinhacken. 3–4 Knoblauchzehen schälen und ebenfalls hacken. 6–8 Eßlöffel Olivenöl erhitzen, den Knoblauch darin glasig braten und die Tomaten untermischen. Mit Salz, schwarzem Pfeffer, 1 Prise Zucker und gut ½ Teelöffel Oregano würzen, zugedeckt schmoren lassen. Inzwischen 400 g Spaghetti kochen. 1 Bund Basilikum feinschneiden, unter die Sauce mischen und diese über die abgetropften Nudeln gießen. (Im Bild oben links.)

Unser Tip: Die dritte Sauce auf dem Foto oben rechts ist die Bologneser Sauce, die Sie nach dem Rezept Lasagne verdi al forno (Seite 72/73) zubereiten und mit 15 g getrockneten Steinpilzen (eingeweicht und feingehackt) verfeinern können.

Spaghetti carbonara

Deftige »pasta« zum Sattessen

Spaghetti nach Art der Köhlerin, wie dieses Gericht auf deutsch heißt, eignen sich hervorragend für Überraschungsbesuch. Sie lassen sich aus Zutaten, die man fast immer im Haus hat, im Handumdrehen zubereiten und schmecken einfach köstlich. Den Pecorino, einen italienischen Schafkäse, können Sie durch Parmesan ersetzen.

Für 4 Personen brauchen Sie:
2 Eßl. kaltgepreßtes Olivenöl · Salz
250 g mageren Räucherspeck
schwarzen Pfeffer, frisch gemahlen
400 g Spaghetti
6 Eigelb · ⅛ l Sahne
100 g Parmesan, frisch gerieben
40 g Pecorino, frisch gerieben

Etwa 4100 Joule/980 Kalorien pro Person
Zubereitungszeit: etwa 30 Minuten

In einem großen Topf 4 Liter Wasser mit 1 Eßlöffel Olivenöl und etwa 1 Handvoll Salz zum Kochen bringen.
• Inzwischen den Räucherspeck würfeln, dabei alle Knorpel herausschneiden.
• Das restliche Olivenöl erhitzen und die Speckwürfel darin bei mittlerer Hitze unter ständigem Wenden auslassen und knusprig braten. Während des Bratens mit reichlich Pfeffer bestreuen.

• Die Speckwürfel mit einem Schaumlöffel aus der Pfanne heben und zum Abfetten auf eine dicke Lage Küchenpapier geben. Eine Schüssel über den Speck stülpen, damit er warm bleibt.
• Die Spaghetti in das sprudelnd kochende Wasser geben. Bei starker Hitze unter häufigem Umrühren »al dente« garen.
• Inzwischen die Eigelb mit der Sahne und den beiden Käsesorten mischen. Bei schwacher Hitze unter Rühren erwärmen, bis sich der Käse vollkommen gelöst hat. 2 Eßlöffel vom Kochwasser der Spaghetti untermischen.
• Die Spaghetti abgießen und gut trockenschwenken. Die Spaghetti sofort mit der Eier-Käse-Sahne und den Speckwürfeln mischen. Eventuell noch einmal mit Salz und Pfeffer aus der Mühle abschmecken. Die Spaghetti carbonara in einer vorgewärmten Schüssel sofort servieren.

Das paßt dazu: frisch geriebener Parmesan und gemischter Salat

Saltimbocca alla romana

Frischer Salbei gibt die köstliche Würze

Die italienische Küche kennt zwar viele Fleischgerichte, aber sie werden alle wegen des hohen Preises mit außergewöhnlicher Sorgfalt zubereitet und nur in kleinen Mengen serviert. Paradebeispiel Nr. 1 ist dieser Gaumenschmaus, der übersetzt sehr treffend »Spring-in-den-Mund« heißt.

Für 4 Personen brauchen Sie:
8 kleine Kalbsschnitzelchen von je 80 g
weißen Pfeffer, frisch gemahlen
16 frische Salbeiblätter
8 dünne Scheiben Parmaschinken
3 Teel. Mehl zum Bestäuben · 60 g Butter
⅛ l trockenen Weißwein · Salz

Pro Person etwa 1715 Joule/410 Kalorien
Zubereitungszeit: etwa 30 Minuten

Die Kalbsschnitzel mit dem Handballen, jedoch auf keinen Fall mit einem Fleischklopfer so flach klopfen, daß sie etwa doppelt so groß wie vorher sind. Dann von beiden Seiten mit Haushaltspapier trockentupfen und jeweils etwas Pfeffer darübermahlen. Diesen gut andrücken.
• Die Salbeiblätter unter kaltem Wasser kurz abspülen und mit Küchenpapier sorgfältig trockentupfen. Je zwei davon auf ein Schnitzelchen legen und mit einer dünnen Scheibe Parmaschinken abdecken.
• Den Schinken gut andrücken und dabei zu den Rändern hin glatt verstreichen. Er darf keine Wellen oder Blasen bilden, da er sich sonst nicht genügend mit dem Fleisch verbinden kann. Die »gefüllten« Schnitzel

nun umdrehen, so daß die Schinkenseite unten auf der Arbeitsfläche liegt.
• Das Mehl in ein kleines Sieb geben und hauchdünn über das Fleisch stäuben. Mit den flach ausgestreckten Händen oder mit dem Handballen gut andrücken und dabei gleichzeitig die Ränder zum Schinken hin anpressen.
• Eine große, schwere Pfanne auf dem Herd erhitzen und etwa zwei Drittel der Butter darin heiß werden lassen, bis sie zu schäumen beginnt, aber noch nicht bräunt.
• Jeweils so viele Schnitzel mit der Schinkenseite nach unten hineinlegen, daß man sie noch bequem wenden kann. Dabei ist es besonders wichtig, daß tatsächlich der Schinken zuerst in das heiße Fett kommt, denn sonst verbinden sich die verschiedenen Produkte (Fleisch und Schinken) nicht, sondern müßten mit Spießchen oder Zahnstochern befestigt werden.
• Die Schnitzel auf jeder Seite 2–3 Minuten braten, herausnehmen und auf einer vorgewärmten Platte warm stellen.
• Den Bratfond mit dem Wein loskochen und bei starker Hitze cremig einkochen lassen. Mit Salz und Pfeffer abschmecken. Die Pfanne vom Herd ziehen und die restliche Butter in kleinen Flöckchen unter die Sauce schlagen.
• Die Saltimbocca alla romana auf beiden Seiten mit Pfeffer und nur wenig Salz (der Schinken ist gesalzen) würzen und anrichten. Mit der Sauce um-, aber nicht begießen und möglichst sofort servieren.

Das paßt dazu: frischer Salat oder zartes, in Butter geschmortes Gemüse und Stangenweißbrot, Risotto oder auch (zwar nicht klassisch, aber köstlich) Rösti (Rezept Seite 102)

Scaloppine al limone

Scaloppine sind sehr kleine und sehr dünne Kalbsschnitzelchen, die in Italien in vielen Variationen zubereitet werden. In dieser Form – mit frischen Limetten – schmekken sie ganz besonders gut, doch können Sie natürlich auch Zitronen verwenden.

Ein schnelles und aromatisch-frisches Sommergericht aus Italien

Für 4 Personen brauchen Sie:
8 Kalbsschnitzelchen von je 70 g
Salz · weißen Pfeffer, frisch gemahlen
1 ½ Eßl. Mehl · 50 g Butter
2 Limetten · (ersatzweise Zitronen)
knapp ¼ l trockenen italienischen Weißwein
nach Wunsch ½ Bund Petersilie

Etwa 1340 Joule/320 Kalorien pro Person
Zubereitungszeit: etwa 20 Minuten

Die Kalbsschnitzel mit Haushaltspapier trockentupfen und mit dem Handballen so dünn wie möglich klopfen.

- Von beiden Seiten salzen und pfeffern und in dem Mehl wenden. Das Mehl gut andrücken und die Reste abschütteln. Das Mehl soll die zarten Fasern vor dem Austrocknen schützen.
- Die Butter in einer Pfanne nicht zu stark erhitzen; sie darf nicht braun werden, und die Schnitzel darin bei mittlerer Hitze pro Seite etwa 1 Minute braten, dann auf einer vorgewärmten Platte warm stellen.
- Die Limetten (oder Zitronen) heiß waschen, abtrocknen und 8 dünne Scheiben abschneiden. Aus den Resten der Früchte den Saft auspressen.
- Den Bratfond mit dem Weißwein loskochen und diesen bei starker Hitze etwas einkochen lassen. Die Sauce mit dem Limettensaft, Salz und Pfeffer pikant abschmecken und nach Wunsch die vorher fein gehackte Petersilie untermischen und neben, nicht auf die Schnitzel gießen.
- Die Limettenscheiben auf die Scaloppine legen und diese rasch servieren.

Das paßt dazu: feines, in Butter gedünstetes Gemüse, ein frischer Salat und Salzkartoffeln oder Stangenweißbrot

Risotto mit Spinat und Pinienkernen

Schön sämig muß er sein und trotzdem körnig

Für 4 Personen brauchen Sie:
1 Zwiebel · 1 Knoblauchzehe
200 g gekochten Schinken in Scheiben
300 g Spinat
2 Eßl. kaltgepreßtes Olivenöl
400 g italienischen Rundkornreis
1–1¼ l Fleischbrühe
⅛ l trockenen italienischen Weißwein
Salz · weißen Pfeffer, frisch gemahlen
50 g Butter · 2 Eßl. Pinienkerne
75 g Parmesan, frisch gerieben

Etwa 3335 Joule/795 Kalorien pro Person
Zubereitungszeit: etwa 50 Minuten

Die Zwiebel schälen und feinwürfeln. Die Knoblauchzehe schälen und hakken. Den Schinken kleinwürfeln.
• Den Spinat verlesen, die harten Stiele abschneiden. Den Spinat gründlich waschen und trockenschwenken.

• Den Spinat mit einem großen Messer zuerst in Streifen schneiden. Die Streifen noch einmal grobhacken.
• Das Öl in einem Topf erhitzen. Die Zwiebel und den Knoblauch bei mittlerer Hitze unter Rühren darin glasig braten. Den Schinken zugeben und 1 Minute mitbraten.

• Den ungewaschenen Reis einstreuen und unter Rühren 2 Minuten braten. Der Reis muß dann vollkommen vom Öl umschlossen und glasig sein. Bitte waschen Sie den Reis nicht vor dem Garen, wie Sie es bei anderen Reisgerichten vielleicht gewohnt sind. Durch das Waschen wird die Stärke entfernt, die den Reis klebrig macht.

• Die Hälfte der Brühe zum Reis gießen. Den Reis in der Brühe bei starker Hitze einmal aufkochen lassen, dann die Temperatur zurückschalten. Der Risotto darf jetzt nur noch bei schwacher Hitze zugedeckt garen, sonst verdampft die Flüssigkeit zu rasch und der Reis wird nicht weich.
• Den gehackten Spinat dazugeben und vorsichtig untermischen.

• Den Weißwein zum Reis gießen, den Risotto mit Salz und weißem Pfeffer würzen und jetzt im offenen Topf in etwa 30 Minuten fertiggaren. Sobald der Reis die Flüssigkeit aufgesogen hat, nach und nach die restliche Brühe zugießen. Mit einer Gabel oder einem Holzlöffel immer wieder vorsichtig durchrühren, damit sich der Reis nicht am Topfboden ansetzt und richtig klebrig wird.
• Während der Risotto gart, ½ Eßlöffel Butter zerlassen.
• Die Pinienkerne in der Butter bei schwacher Hitze unter Rühren goldbraun rösten. Die Pinienkerne, die restliche Butter und den geriebenen Parmesan unter den Risotto ziehen. Das geht am besten mit einer Gabel, die Sie einige Male vorsichtig durch

den Reis ziehen, bis sich alles gut miteinander verbunden hat. Der Risotto muß jetzt weich und sämig sein. In einer vorgewärmten Schüssel anrichten und sofort servieren.

Variante: Lammpilaw

10 getrocknete Aprikosen über Nacht einweichen. 1 Aubergine waschen, abtrocknen und würfeln. Die Würfel mit Salz bestreuen, 10 Minuten ziehen lassen und mit Küchenpapier trockentupfen. 400 g Lammfleisch aus der Keule in gleichmäßige, etwa 2 cm große Würfel schneiden. 1 große Zwiebel und 2 Knoblauchzehen schälen und feinhacken. 2 Eßlöffel Öl in einem Schmortopf erhitzen. Das Lammfleisch portionsweise bei starker Hitze darin anbraten. Die Fleischwürfel auf ein Sieb (mit Teller darunter) geben. Die Auberginenwürfel in 2 weiteren Eßlöffeln Öl unter Rühren anbraten und ebenfalls wieder herausheben. Die Zwiebel und den Knoblauch im Öl glasig braten. Das Fleisch wieder in den Topf geben. ⅛ l Fleischbrühe zugießen. Das Fleisch mit Salz und frisch gemahlenem schwarzem Pfeffer würzen. Den Topf zugedeckt in den auf 180° vorgeheizten Backofen auf die untere Schiene stellen. Das Lammfleisch in 30 Minuten garen. Inzwischen 1 rote Pfefferschote putzen und in feine Streifen schneiden. 1 Stück kandierten Ingwer würfeln. Die abgetropften Aprikosen in grobe Stücke schneiden. 50 g Pinienkerne in einer Pfanne ohne Fettzugabe rösten. Alle diese Zutaten sowie die Auberginen zum Fleisch geben und untermischen. Den Pilaw weitere 25 Minuten im Backofen garen. Inzwischen 150 g Langkornreis waschen und in 1 Eßlöffel erhitztem Öl glasig braten. 350 ccm kaltes Wasser zugießen. Den Reis einmal aufkochen, dann bei schwacher Hitze in etwa 20 Minuten körnig ausquellen lassen. Den gegarten Reis unter den fertigen Pilaw mischen und diesen mit dem Saft von ½ Zitrone abschmecken.

Am besten gelingt ein guter Risotto mit dem italienischen Rundkornreis. Die bekannteste Sorte, den Avorio, erhalten Sie auch bei uns in italienischen Geschäften und in Feinkostläden. Der Avorio ist stärkehaltiger und damit klebriger als Langkornreis. Das ist wichtig, denn Risotto darf nicht trocken und locker sein, sondern dick und breiartig, wobei die einzelnen Reiskörner durchaus noch »Biß« haben müssen. Ob Sie Risotto als Beilage oder als Hauptgericht servieren, hängt von den Zutaten ab. Nur mit Parmesan und Butter schmeckt er zu kurzgebratenem Fleisch, während unser Spinat-Risotto eine komplette Mahlzeit ist.

Schweinefleisch süßsauer

Muß exakt vorbereitet und schnell serviert werden

Für 4 Personen brauchen Sie:
600 g Schweinefleisch (Keule) · 1 Ei
60 g Speisestärke · 20 g Mehl
weißen Pfeffer, frisch gemahlen
4 Eßl. Sojasauce
3 Eßl. Reiswein oder trockenen Sherry
¼ l kalte Fleischbrühe
1 kleine rote Paprikaschote · 2 Möhren
100 g Salatgurke
100 g Bleichsellerie mit Blättchen
1 Knoblauchzehe
Erdnußöl oder geschmacksneutrales
Pflanzenöl zum Fritieren
1 Eßl. Erdnußöl · Salz
3 Eßl. Tomatenketchup
5 Eßl. Rotweinessig · 1 Orange (Saft)
1 Teel. Zitronensaft · 70 g Zucker
2 Eßl. kaltes Wasser · Sambal Oelek

Etwa 2720 Joule/650 Kalorien pro Person
Zubereitungszeit: etwa 45 Minuten
Quellzeit: 30 Minuten

Das Schweinefleisch von allem Fett befreien und in gleichmäßige Würfel von etwa 2 cm Kantenlänge schneiden.
• Das Ei trennen. Das Eiweiß kühl stellen. Von der Speisestärke 1 gehäuften Eßlöffel beiseite stellen.

• Das Eigelb mit der restlichen Speisestärke, dem Mehl und Pfeffer mischen. Je 1 Eßlöffel Sojasauce und Reiswein oder Sherry zufügen. Mit wenig Fleischbrühe zu einem glatten, nicht zu dünnen Teig verrühren, der die Fleischwürfel später gleichmäßig überzieht. Den Teig zugedeckt 30 Minuten ruhen lassen.
• Je 2 Eßlöffel Sojasauce und Reiswein oder Sherry mischen. Die Fleischwürfel zugedeckt 10 Minuten darin marinieren. Währenddessen mehrmals wenden.
• Inzwischen die Paprikaschote halbieren, die Trennwände und die Kerne entfernen. Die Schotenhälften kalt abspülen, trockenreiben und in Streifen schneiden. Die Möhren schaben, waschen und in Stifte teilen.

Die Salatgurke schälen und in Streifen schneiden. Den Bleichsellerie gründlich waschen, abtrocknen und von harten Fasern befreien. Die Sellerieblättchen grobhacken und beiseite stellen. Den Bleichsellerie in etwa fingerbreite Stücke teilen. Die Knoblauchzehe schälen und ganz fein hakken.
• Den Backofen auf 130° vorheizen. Ein mit Küchenpapier belegtes Backblech einschieben.
• Das Eiweiß steifschlagen und vorsichtig unter den Teig heben.
• Das Öl zum Fritieren erhitzen. Das Fett hat die richtige Temperatur, wenn ein Weißbrotwürfel rasch darin bräunt.

• Die Fleischwürfel portionsweise durch den Ausbackteig ziehen und goldbraun fritieren, herausheben, nebeneinander auf das Backblech legen und warm halten.
• Das Erdnußöl in einer Pfanne erhitzen. Den Knoblauch bei mittlerer Hitze darin anbraten, salzen. Die restliche Sojasauce, das Tomatenketchup, den Rotweinessig, den Orangen- und den Zitronensaft sowie den Zucker dazugeben und alles unter Rühren kochen, bis sich der Zucker gelöst hat.

• Die restliche Fleischbrühe zugeben und einmal aufkochen lassen. Die Gemüse ebenfalls hinzufügen und bei schwacher bis mittlerer Hitze in etwa 6–8 Minuten bißfest garen.

• Die restliche Speisestärke mit dem Wasser verrühren und unter das Gemüse mischen. Noch einmal aufkochen lassen, mit Sambal Oelek abschmecken, mit den Fleischwürfeln mischen und die Sellerieblättchen darüberstreuen.

Das paßt dazu: körnig gekochter Reis

Variante: Chinagemüse

25 g getrocknete Chinapilze (Tonghu beziehungsweise Shiitake-Pilze) 3 Stunden einweichen, dann die harten Stiele entfernen, die Hüte in Stücke schneiden. Ein etwa 2 cm langes Stück frischen Ingwer und 1 Knoblauchzehe schälen und hacken. 2 Möhren, 2 Stengel Bleichsellerie und 1 Bund Frühlingszwiebeln vorbereiten. Die Möhren in Stifte, den Sellerie in Scheiben und die Frühlingszwiebeln in etwa 1 cm lange Stücke teilen. 125 g Bambussprossen in dünne Scheiben schneiden. 125 g frische Sojakeime waschen und abtropfen lassen. 100 ccm Hühnerbrühe, 1 Eßlöffel trockenen Sherry und 2 Eßlöffel Sojasauce mischen. 2 Eßlöffel Erdnußöl in einer Pfanne erhitzen. Etwa ½ Teelöffel Salz, den Ingwer und den Knoblauch zugeben. Bei starker Hitze unter schnellem Rühren kurz anbraten. Die Möhren zugeben und 2 Minuten braten. Das restliche Gemüse und die Pilze weitere 2 Minuten mitbraten. Dabei ständig rühren. Die Brühe-Mischung zugießen und rasch zum Kochen bringen. Das Gemüse jetzt bei schwacher Hitze zugedeckt 3–4 Minuten köcheln lassen.

Wie die meisten chinesischen Gerichte verlangt auch das süßsaure Schweinefleisch eine genaue Planung der einzelnen Kochschritte. Stellen Sie deshalb vorher alle Zutaten bereit. Das Fleisch können Sie nur in kleinen Portionen ausbacken, damit der Teig schön knusprig wird. Die Fleischwürfel halten Sie im Backofen warm. Achten Sie darauf, daß die bereits fritierten Stücke so nebeneinander liegen, daß sie sich nicht berühren, sonst wird die Kruste weich. Auch die Sauce muß rasch zubereitet werden, denn die Gemüse müssen unbedingt noch »Biß« haben, wenn es richtig chinesisch sein soll.

Klassische Omelette

Verlangt rasches und präzises Arbeiten

Eine perfekte Omelette hat eine glatte Oberfläche und ist innen weich und saftig. Über den Erfolg entscheidet vor allem das Fingerspitzengefühl des Kochs. Wenn Sie noch wenig Übung haben, teilen Sie die unten angegebenen Mengen durch vier und bereiten die Omelette am besten erst mal für sich allein zu.

Für 4 Personen brauchen Sie:
8 große, frische Eier · Salz
weißen Pfeffer, frisch gemahlen
60 g Butter zum Braten

Etwa 1330 Joule/300 Kalorien pro Person
Zubereitungszeit: etwa 10 Minuten pro Omelette

In eine flache Schüssel oder einen tiefen Teller 2 Eier aufschlagen. Verwenden Sie keine Schüssel mit hohem Rand, denn darin können Sie die Eier nicht rasch genug verquirlen. Die Eier mit Salz und Pfeffer bestreuen.

• Eine schwere Pfanne von etwa 20 cm Ø einige Sekunden ohne Fett sehr stark erhitzen. Die Temperatur zurückschalten und ein Stück Butter in der Pfanne bei mittlerer bis schwacher Hitze zerlaufen lassen, ohne sie zu bräunen.

• Während die Butter schmilzt, die Eier schnell mit einer Gabel nur so lange verquirlen, bis sich Eiweiß und Eigelb miteinander verbunden haben. Schlagen Sie Eier für die Omelette nicht mit dem Schneebesen; dadurch kommt Luft unter die Eier – wie beim Eischnee – und die Masse wird fest. Wichtig ist auch, daß Sie immer nur die Menge für eine Person verquirlen und sofort backen, denn verquirlte Eier, die einige Zeit stehen, müssen Sie noch einmal durcharbeiten.

• Die Pfanne in alle Richtungen leicht kippen, damit sich die Butter gleichmäßig verteilen kann. Sobald die Butter schäumt, die Eier in die Pfanne geben und mit dem Rükken der Gabel sehr schnell durchrühren. Dadurch kommt der größte Teil der Eimasse mit dem heißen Pfannenboden in Berührung und kann rasch fest werden.

• Sobald die Masse zu stocken beginnt, die Gabel um den Rand der Omelette führen und sie an einer Seite vom Pfannenboden lösen. Die Pfanne dabei schräg halten, damit auch die noch flüssige Eimasse den Pfannenboden berührt und stockt.
Wenn Sie mit dem Handballen dabei leicht gegen den Pfannenstiel klopfen, »rutscht« die Eiermasse leichter zum Rand.

• Die Omelette mit der Gabel, leicht schiebend, zur Mitte rollen. Die Pfanne dabei etwas kippen, die Omelette soll jetzt halbmondförmig am Pfannenrand liegen. Die noch nicht gerollte Seite vom Rand mit der Gabel über die Omelette ziehen und leicht andrücken.

• Die Pfanne nach vorn kippen und die Omelette auf einen vorgewärmten Teller

gleiten lassen und nach Wunsch, eventuell mit einer Serviette, noch etwas in Form drücken und warm halten.

• Die restlichen Omelettes nacheinander ebenso backen.

Variante: Kräuteromelette

Geben Sie pro Person 1 bis 2 Eßlöffel frisch gehackte Kräuter zu den verquirlten Eiern. Gut eignen sich Kerbel, Petersilie und Sauerampfer.

Gefüllte Eierkuchen

Preiswert und gut vorzubereiten

Pikante Füllungen machen aus einfachen Eierkuchen ein schmackhaftes Hauptgericht. Für die Füllung lassen sich auch Reste sehr gut verwerten. Arbeit sparen Sie, wenn Sie die Eierkuchen auf Vorrat backen und aufeinander gestapelt – mit jeweils einem Blatt Alufolie zwischen den einzelnen Kuchen – einfrieren.

Für 4 Personen brauchen Sie:
160 g Mehl · Salz · ⅜ l Milch · 2 Eier
100 g Butterschmalz · 1 Zwiebel
300 g gekochten Schinken, fein gewürfelt
¼ l Sahne · ½ Bund Kerbel, frisch gehackt
½ Bund Petersilie, frisch gehackt
½ unbehandelte Zitrone (Schale)
100 g Emmentaler, frisch gerieben
weißen Pfeffer, frisch gemahlen

Etwa 3760 Joule/900 Kalorien pro Person
Zubereitungszeit: etwa 1 Stunde

Das Mehl mit dem Salz mischen. Nach und nach ¼ l Milch sowie die Eier unterrühren. Den Teig 30 Minuten ruhen lassen, damit das Mehl quellen kann.
• Vom Butterschmalz 1 Eßlöffel für die Füllung abnehmen.

• Das restliche Butterschmalz portionsweise in einer Pfanne erhitzen und mit einer Schöpfkelle Teig einfüllen. Die Pfanne neigen, so daß der Teig den Pfannenboden überzieht. Den Eierkuchen auf der Unterseite backen, bis er oben fest zu werden beginnt. Den Eierkuchen mit Hilfe eines Dekkels wenden und fertigbacken. Nacheinander 9–10 dünne Eierkuchen bereiten.
• Den Backofen auf 200° vorheizen.
• Die Zwiebel schälen und würfeln. Das restliche Butterschmalz erhitzen. Die Zwiebel darin glasig werden lassen. Den Schinken zugeben und anbraten. Die Hälfte der Sahne angießen und unter Rühren bei starker Hitze dick einkochen.
• Die Füllung mit den Kräutern, der abgeriebenen Zitronenschale und dem Käse mischen, mit Salz und Pfeffer abschmecken.
• Die Eierkuchen auf einer Seite mit der Füllung bestreichen, aufrollen und nebeneinander in eine feuerfeste Form legen.
• Die restliche Sahne mit der restlichen Milch verquirlen und über die Eierkuchen gießen. Die Eierkuchen im Ofen auf der zweiten Schiene von unten in etwa 20 Minuten überbacken.

Gefüllte Paprikaschoten

Vollkommen problemlos in der Zubereitung

Für 4 Personen brauchen Sie:
1 große Zwiebel · 3 Knoblauchzehen
4 Eßl. Olivenöl · 80 g Langkornreis
400 g gemischtes, nicht zu mageres
Hackfleisch · ⅛ l Fleischbrühe
1,2 kg reife Fleischtomaten
Salz · schwarzen Pfeffer, frisch gemahlen
1 Bund Schnittlauch
¼ Bund Petersilie, frisch gehackt
1 Eßl. Kapern
4 gleichgroße Paprikaschoten
1 kleine Dose Tomatenmark · Zucker
eventuell Fleischbrühe oder Rotwein
½ Bund Basilikum, frisch gehackt

Etwa 2180 Joule/520 Kalorien pro Person
Zubereitungszeit: etwa 1¼ Stunden

Die Zwiebel schälen und feinwürfeln. Die Knoblauchzehen ebenfalls schälen und feinhacken. Die Hälfte der Zwiebel und des Knoblauchs für die Tomatensauce beiseite stellen.

• 3 Eßlöffel Olivenöl erhitzen. Den Reis zugeben und bei starker Hitze darin unter Rühren glasig braten. Die Zwiebelwürfel und den gehackten Knoblauch zum Reis geben und ebenfalls anbraten.

• Das Hackfleisch in den Topf geben und unter ständigem Rühren so lange braten, bis es krümelig wird und sich grau färbt.
• Die Fleischbrühe angießen und den Bratfond, der sich am Topfboden gebildet hat, unter Rühren damit lösen. Alles einmal aufkochen lassen, dann die Temperatur zurückschalten und den Reis bei schwacher Hitze 10 Minuten zugedeckt köcheln lassen. Der Reis muß noch körnig-fest sein, sonst wird er beim Schmoren zu weich.
• Die Tomaten mit kochendem Wasser übergießen, kurz ziehen lassen und dann kalt abschrecken. Die Tomaten enthäuten und halbieren.
• Die Hälften in eine Hand nehmen, die Kerne mit leichtem Druck entfernen und die Stielansätze herausschneiden. 2 Tomaten-

hälften für die Füllung ganz fein schneiden, die restlichen Tomaten würfeln.
• Die Reis-Hackfleisch-Mischung mit Salz und reichlich Pfeffer würzen.
• Den Schnittlauch kalt abspülen, trockentupfen und in Röllchen schneiden.
• Den Schnittlauch, die Petersilie, die Kapern und die feingeschnittenen Tomaten unter den Reis mischen.

• Etwa 1 cm unterhalb des Stielansatzes der Paprikaschoten das Fruchtfleisch waagerecht durchschneiden und den Ansatz vorsichtig herausdrehen. Die weißen Trennwände herausschneiden, die Kerne entfernen und die Deckel putzen. Die Schoten und die Deckel kalt abspülen und mit Küchenkrepp trockentupfen.
• Die Reis-Mischung in die Paprikaschoten füllen, die Deckel auf die Schoten legen und die Schoten beiseite stellen.
• Für die Tomatensauce 1 Eßlöffel Olivenöl erhitzen und die restlichen Zwiebelwürfel und den Knoblauch darin anbraten. Die gewürfelten Tomaten zugeben. Das Tomatenmark einrühren. Alles mit Salz, Pfeffer aus der Mühle und einer Prise Zucker würzen. Die Sauce zugedeckt bei schwacher Hitze 10 Minuten köcheln lassen. Wenn die Sauce zu dickflüssig ist, noch etwas Fleischbrühe oder trockenen Rotwein zugeben. Die Sauce in diesem Fall noch einmal mit Salz und Pfeffer abschmecken.

• Die gefüllten Paprikaschoten in die Sauce stellen und zugedeckt bei schwacher Hitze etwa 40 Minuten garen.
• Die Paprikaschoten herausheben und warm stellen. Die Sauce pürieren oder durch ein Sieb passieren und wieder erhitzen. Das Basilikum untermischen und die Paprikaschoten in der Tomatensauce servieren.

Das paßt dazu: Salzkartoffeln oder Reis

Variante: Auberginenfüllung

1 Aubergine waschen, abtrocknen und ungeschält in Würfel von etwa 1 cm Kantenlänge schneiden. Die Würfel mit Salz bestreuen und 10 Minuten ziehen lassen. Die Auberginenwürfel dann in ein Küchentuch geben und trockentupfen. 6 Eßlöffel Olivenöl in einer Pfanne erhitzen. Die Auberginen rundherum darin anbraten und wieder herausnehmen. 150 g gewürfelten rohen Schinken sowie 2 geschälte, gehackte Knoblauchzehen in die Pfanne geben und anbraten. 2 mittelgroße gehäutete und entkernte Tomaten kurz mitbraten. Den Schinken und die Tomaten sowie 300 g kleingewürfelten Mozzarella mit den Auberginen mischen. Die Füllung mit Salz, schwarzem Pfeffer aus der Mühle und 1 Eßlöffel frischen Thymianblättchen würzen. Die Masse in 4 vorbereitete Paprikaschoten geben. Die Tomatensauce wie oben beschrieben kochen und die Paprikaschoten darin bei schwacher Hitze etwa 40 Minuten schmoren. Sie können die Schoten aber auch mit etwa ¼ l heißer Fleischbrühe umgießen und darin garen. Diese Schmorflüssigkeit binden Sie dann zum Schluß mit Sahne oder Crème fraîche und lassen sie bei starker Hitze cremig einkochen.

Gemüsepaprika gibt es in den Sommermonaten preiswert und frisch auf dem Markt. Frisch – das heißt vor allem: festfleischige Schoten mit praller, glatter Haut ohne Druckstellen. Zum Füllen brauchen Sie die großen bauchigen Schoten mit dicker Fruchtwand; die langen, schlanken Paprikaschoten eignen sich besser für Salate. Füllen Sie sie nicht nur mit magerem Hackfleisch, denn das macht sie eher trocken, sondern auch mit anderen saftigen Zutaten wie Tomaten, Speck und eingeweichten Brötchen. Sparen Sie nicht mit kräftigen Gewürzen und aromatischen Kräutern wie Schnittlauch, Basilikum, Petersilie oder Thymian.

Bohnengemüse mit Speck

Deftige Beilage zu Kurzgebratenem

Für 4 Personen brauchen Sie:
150 g durchwachsenen Räucherspeck
1 Zwiebel · 2 Knoblauchzehen · Salz
500 g Tomaten · 750 g Buschbohnen
½ Bund Bohnenkraut
1 Eßl. kaltgepreßtes Olivenöl
4 Eßl. trockenen Rotwein · ⅛ l Fleischbrühe
schwarzen Pfeffer, frisch gemahlen
1 Prise Zucker · ½ Bund Basilikum
1 Eßl. Tomatenmark

Etwa 1930 Joule/450 Kalorien pro Person
Zubereitungszeit: etwa 40 Minuten

Den Räucherspeck von der Schwarte befreien und mit einem scharfen Messer in ganz kleine Würfel schneiden. Alle Knorpel dabei entfernen. Die Zwiebel schälen und ebenfalls feinwürfeln.

- Die Knoblauchzehen schälen und grobhacken. Dann mit Salz bestreuen und mit der Klinge eines großen schweren Messers fein zerdrücken. Das Salz verhindert, daß der ölhaltige Knoblauch beim Zerkleinern wegrutscht.
- Die Tomaten mit kochendem Wasser übergießen, kurz ziehen lassen und kalt abschrecken. Die Haut abziehen. Die Tomaten quer halbieren, die Kerne herausdrücken und die Stielansätze entfernen. Das Fleisch in Würfel schneiden.
- Zum Blanchieren der Bohnen einen großen Topf mit reichlich Salzwasser zum Kochen bringen.
- Inzwischen die Bohnen in kaltem Wasser sorgfältig waschen und abtropfen lassen. Buschbohnen haben meistens keinen Faden mehr, der abgezogen werden muß. Es genügt, die Stiel- und die Blütenansätze abzuschneiden.
- Die Bohnen unzerkleinert in das sprudelnd kochende Salzwasser geben und bei starker Hitze 4 Minuten blanchieren, dann mit einem Schaumlöffel herausheben und in eiskaltem Wasser abschrecken. Durch das Blanchieren und nachfolgende Abschrecken behalten die Bohnen auch beim Garen ihre frische grüne Farbe. Die Bohnen abtropfen lassen.
- Das Bohnenkraut abspülen, trocken schwenken und einige Blättchen davon zum Garnieren beiseite legen.
- Das Olivenöl erhitzen. Den gewürfelten Speck zugeben und bei schwacher bis mittlerer Hitze unter häufigem Wenden ausbraten. Die Speckwürfel müssen dann schön knusprig sein und das Fett sollte leicht schäumen. Braten Sie Speck nicht bei starker Hitze aus, denn dann verbrennt er und wird schwarz, ohne genügend Fett abzugeben.

- Die Zwiebelwürfel zum Speck geben und bei mittlerer Hitze glasig braten. Dabei häufig umrühren. Kontrollieren Sie dabei immer die Hitze, denn auch Zwiebeln verbrennen rasch und schmecken dann bitter.
- Den zerdrückten Knoblauch zugeben, wenn die Zwiebeln glasig sind, und unter Rühren mitbraten. Während der Knoblauch weich und glasig wird, können die Zwiebeln goldgelb bräunen. Knoblauch darf immer nur kurz und bei schwacher Hitze gebraten werden.

- Die zerkleinerten Tomaten in die Pfanne geben und durchrühren. Einen Deckel auf die Pfanne legen und die Tomaten zwei Minuten schmoren lassen, damit sich Flüssigkeit bilden kann. Dann die Temperatur höher schalten.

- Die blanchierten Bohnen zugeben und alles gut mischen. Den Rotwein und die Fleischbrühe angießen. Das Gemüse einmal aufkochen lassen.
- Das Gemüse mit Pfeffer und dem Zucker würzen. Das Gemüse sparsam salzen, denn der Räucherspeck enthält ja Salz. Schmecken Sie die Bohnen lieber zum Schluß noch einmal ab und würzen Sie gegebenenfalls nach. Das Bohnenkraut auf das Gemüse legen und alles zugedeckt bei schwacher Hitze etwa 15 Minuten garen, bis die Bohnen weich, aber noch bißfest sind.
- Inzwischen das Basilikum waschen und trockentupfen. Einige Blättchen zum Garnieren zurückbehalten, die restlichen grobschneiden.
- Das Bohnenkraut aus dem Gemüse nehmen, das Tomatenmark einrühren und das zerkleinerte Basilikum untermischen.
- Das Bohnengemüse in eine vorgewärmte Schüssel füllen und mit den zurückbehaltenen Bohnenkraut- und Basilikumblättchen bestreut anrichten.

Paßt gut zu: Schweinekoteletts oder Steaks und Stangenweißbrot

Variante: Prinzeßbohnen französische Art

750 g Prinzeßbohnen vorbereiten und in Salzwasser 3 Minuten blanchieren. Die Bohnen abschrecken und abtropfen lassen. 70 g Butter in einem Topf bei mittlerer Hitze zerlassen. Die Butter sollte dabei nicht bräunen. Den Saft von ½ Zitrone sowie ½ Bund feingehackte Petersilie zugeben. Die abgetropften Bohnen darin zugedeckt bei schwacher Hitze etwa 10 Minuten dünsten, bis sie weich, aber noch bißfest sind. Die Bohnen zum Schluß mit Salz und weißem Pfeffer abschmecken.

Ab Mai etwa kommen die frischen grünen Bohnen auf den Markt. Die verschiedenen Sorten erkennen Sie an der Form der Schoten: Die flachen, breiten, bis zu 20 cm langen Stangenbohnen haben eher grobes Fleisch und müssen vor dem Garen »geschnippelt« werden. Buschbohnen mit runden bis oval geformten Schoten können Sie unzerteilt oder in Stücke gebrochen verwenden. Sie eignen sich als Beilage und für Salate. Prinzeß- oder Filetbohnen – auch »Haricots verts« genannt – sind die feinsten. Die dünnen, zarten Schoten werden unzerteilt gegart. Schließlich gibt es noch die gelben Wachsbohnen, die vor allem im Salat schmecken.

Gefüllte Zucchini

Eine neue Version eines bekannten Themas

Für 4 Personen brauchen Sie:
4 Zucchini von je 200 g
300 g Geflügellebern · 1 Zwiebel
1 Knoblauchzehe · 200 g Champignons
1 Bund Petersilie · 30 g Butter
3 Zweige Majoran · Salz
schwarzen Pfeffer, frisch gemahlen
Saft von ½ Zitrone · 200 g Crème fraîche
2 Eßl. Olivenöl · ⅛ l heiße Fleischbrühe

Etwa 1760 Joule/420 Kalorien pro Person
Zubereitungszeit: etwa 1½ Stunden

Die Zucchini unter kaltem Wasser waschen, abtrocknen und die Stiel- und Blütenansätze jeweils knapp abschneiden. Die Früchte der Länge nach halbieren.

• Das Fruchtfleisch vorsichtig herauslösen, ohne dabei die Schalen zu verletzen. Das geht am besten mit einem Kugelausstecher, läßt sich notfalls aber auch mit einem Teelöffel machen. Achten Sie darauf, daß die Ränder auch an den Enden nicht durchbohrt werden, da sonst die Füllung herauslaufen kann. Das ausgelöste Fruchtfleisch feinhacken.

• Die Geflügellebern mit einem spitzen Messer von Häuten, Sehnen und Röhren befreien, mit Haushaltspapier gut trockentupfen und in feine Würfelchen schneiden.

• Die Zwiebel und die Knoblauchzehe schälen und sehr fein würfeln. Die Champignons putzen, wenn nötig, waschen und gut trockentupfen. Die Petersilie abspülen, trockenschwenken und zusammen mit den Pilzen hacken.
• Etwa zwei Drittel der Butter in einer Pfanne erhitzen. Die Zwiebel und die Knoblauchzehe darin glasig braten. Die Champignons, die Petersilie sowie das gehackte Zucchinifruchtfleisch hinzufügen und so lange weiterbraten, bis die austretende Flüssigkeit verdampft ist.
• Den Majoran abspülen, trockentupfen und die Blättchen feinhacken.

• Die Pilzmischung an den Pfannenrand schieben und die restliche Butter auf der freien Fläche sanft erhitzen. Die Lebern darin bei schwacher Hitze braten, bis sie gerade etwas fest, aber nicht durchgegart sind. Danach alles gut miteinander vermischen und mit dem Majoran, Salz, Pfeffer und ein paar Tropfen Zitronensaft würzen.

• Etwa 2 Eßlöffel Crème fraîche unter die Masse rühren.
• Den Backofen auf 200° vorheizen und eine längliche feuerfeste Form darin leicht erwärmen.
• Die Lebermischung in die Zucchinihälften füllen.
• Etwas Öl in der warmen Form verteilen lassen und die gefüllten Zucchini nebeneinander hineinsetzen. Das restliche Öl über die Füllung träufeln und die heiße Fleischbrühe zusammen mit dem restlichen Zitronensaft angießen. Die Form zugedeckt in den Ofen schieben und die Zucchini in etwa 20 Minuten garen.
• Die Zucchini herausnehmen und in einer Schale warm stellen.
• Die Garflüssigkeit in einen breiten Topf gießen, mit der restlichen Crème fraîche verrühren und bei starker Hitze ohne Deckel cremig einkochen lassen. Die Sauce mit Salz und Pfeffer abschmecken und die Zucchini damit umgießen.

Das paßt dazu: Salzkartoffeln oder Reis

Variante: Zucchini mit Kruste

Die Zucchini vorbereiten und wie beschrieben aushöhlen. Von 3 altbackenen Brötchen die Krusten abreiben und die Brötchen in winzige Würfel schneiden. 2 Zwiebeln und 3–4 Knoblauchzehen schälen und sehr fein würfeln, 2 Bund Petersilie und ½ Bund Dill feinhacken. 1–2 Eßlöffel Olivenöl in einer Pfanne erhitzen und die Zwiebeln mitsamt dem gehackten Zucchinifruchtfleisch darin glasig braten, den Knoblauch mit den Kräutern untermischen, sekundenlang mitbraten, mit Salz und Pfeffer würzen und vom Herd nehmen. Leicht abgekühlt mit 1 Eigelb und 3–5 sehr fein gehackten Sardellenfilets (je nach Salzgehalt) mischen. Etwa 30 g Walnußkerne sehr fein hacken und zusammen mit 20 g geriebenem Parmesan und 50 g geriebenem Gruyère oder Emmentaler daruntermengen. Diese Mischung in die Zucchini füllen und die Früchte in eine mit Olivenöl eingefettete feuerfeste Form setzen. Die Füllung mit reichlich Olivenöl beträufeln und vom Rand her etwa ⅛ l heiße Hühner- oder Rindfleischbrühe angießen. Die Zucchini im auf 200° vorgeheizten Ofen, je nach Größe und Zartheit, in 20–30 Minuten garen. Die Flüssigkeit dann vorsichtig abgießen und bei starker Hitze im offenen Topf einkochen lassen. Die Zucchini so lange zugedeckt warm stellen. Die Sauce mit Salz und Pfeffer abschmecken und die Zucchini damit umgießen.

Unser Tip: Übrigens können Sie diese Füllung zusätzlich aromatisieren, wenn Sie zuerst etwas gewürfelten Räucherspeck (80–100 g) ausbraten, dann Öl, Zwiebeln und die weiteren Zutaten zufügen und wie beschrieben weiterarbeiten. Auch für Käsesorten und Kräuter sind keine Grenzen gesetzt. So schmecken zum Beispiel Gouda und Emmentaler dazu ebenso gut wie Mozzarella, und anstelle der genannten Kräuter sollten Sie einmal mit Oregano und Thymian oder Basilikum würzen.

Rein äußerlich ähneln die Zucchini mehr den Gurken als den Kürbissen, zu deren Familie sie gehören. Doch schon beim ersten Kosten zeigt sich die Kürbis-Verwandtschaft recht deutlich: Der Eigengeschmack ist relativ schwach, was bedeutet, daß Zucchini mit vielen Kräutern, Gewürzen und nicht zuletzt mit verschiedenen Füllungen harmonieren. Sie können sie beispielsweise mit den Füllungen für die Paprikaschoten (Seite 84/85), mit der für die Eierkuchen (Seite 83) oder auch mit der Farce des Schweinefilets (Seite 32/33) zubereiten. Auch Reste lassen sich, gebunden mit etwas Sahne oder Käse, bestens hier verwerten. Doch es geht auch feiner:

Gebratene Austernpilze

Noch vor fünf Jahren war der Austernpilz nur Feinschmeckern bekannt, die sein mildes, an Kalbfleisch erinnerndes Aroma schätzten. Heute finden Sie die Pilze auf gut sortierten Märkten und beim Gemüsehändler. Austernpilze eignen sich für alle Pilzgerichte, schmecken jedoch am besten gebraten oder gegrillt.

Für 4 Personen brauchen Sie:
1 kg Austernpilze · 1 Schalotte
3 Knoblauchzehen · 3 Eßl. Olivenöl
20 g Butter · Salz
weißen Pfeffer, frisch gemahlen
½ Zitrone · 2 Zweige Thymian
1 Bund Petersilie, frisch gehackt

Etwa 790 Joule/190 Kalorien pro Person
Zubereitungszeit: etwa 30 Minuten

Die Austernpilze voneinander trennen und mit einem kleinen, spitzen Messer gründlich putzen. Dabei alle Strohreste, die sich an der Unterseite der Hüte und in den Lamellen festgesetzt haben, entfernen.

• Die Pilze portionsweise auf ein Sieb geben und ganz kurz unter fließendem kaltem Wasser abspülen. Die Pilze niemals im Wasser liegen lassen, denn sie saugen sich sonst voll und verlieren an Aroma. Die Pilze gut abtropfen lassen. Noch besser ist es allerdings, die Austernpilze unmittelbar nach dem Abspülen einzeln trocken zu tupfen, damit sämtliche Wasserreste sofort und gründlich entfernt werden. Das gilt übrigens für alle anderen Wild- und Zuchtpilze gleichermaßen.

• Die harten Stiele entfernen und die Pilzhüte in Stücke schneiden. Die Schalotte schälen und feinwürfeln. Die Knoblauchzehen schälen und hacken.

• Das Olivenöl in einer Pfanne erhitzen. Die Butter darin zerlaufen lassen. Die Schalotte und die Knoblauchzehen bei mittlerer Hitze im Fett anbraten, bis sie glasig sind. Die Pilze zugeben und so lange unter ständigem Wenden braten, bis alle Flüssigkeit, die sich gebildet hat, verdampft ist. Die Pilze mit Salz und Pfeffer würzen.

• Die Zitrone auspressen und den Saft an die Pilze geben.

• Den Thymian waschen und sehr gut trockenschwenken. Die Blättchen von den Stielen zupfen, mit der gehackten Petersilie unter die Austernpilze mischen und diese in weiteren 2 Minuten bei mittlerer Hitze fertig garen.

Variante: Pfifferlinge mit Ei

400 g frische Pfifferlinge gründlich putzen und kurz unter fließendem kalten Wasser abspülen. Die Pilze trockentupfen. Große Pilze halbieren oder vierteln. 1 mittelgroße Zwiebel schälen und feinwürfeln. ½ Bund Petersilie waschen, trockenschwenken und feinhacken. 30 g Butter in einer Pfanne zerlassen. Die Zwiebel und die Petersilie unter Rühren bei mittlerer Hitze darin anbraten. Die Pfifferlinge zugeben und so lange rösten, bis alle Flüssigkeit verdampft ist. Die Pilze mit Salz und frisch gemahlenem weißem Pfeffer würzen. 4 Eier mit 2–4 Eßlöffeln Sahne verquirlen. Die Eier über die Pilze gießen und bei mittlerer Hitze stocken lassen. Dabei ab und zu umrühren.

Pilze in Sahne

Als Hauptgericht mindestens so beliebt wie als Beilage

Pilze in Sahne sind in der Tat eine ausgesprochen elegante Beilage, aber noch köstlicher, leider auch teurer, wird das Vergnügen, wenn Sie sie – in der doppelten Menge – als Hauptgericht mit Semmelknödeln servieren. Fügen Sie immer ein paar Steinpilze, Maronen oder Pfifferlinge hinzu, sie sorgen für intensives Aroma.

Für 4 Personen brauchen Sie:
500 g Mischpilze, wie zum Beispiel Egerlinge (oder auch weiße Champignons), Maronen, Steinpilze, Pfifferlinge, Butterpilze oder Birkenpilze
1 große Zwiebel · 1 Bund Petersilie
3 Eßl. Butter · 1 Eßl. Mehl
¼ l Sahne · Salz
weißen Pfeffer, frisch gemahlen

Etwa 1465 Joule/350 Kalorien pro Person
Zubereitungszeit: etwa 1 Stunde

Die Pilze putzen, wenn nötig, unter kaltem Wasser waschen und sehr gut trockentupfen. Sie sollten nie im Wasser liegenbleiben, da sie sich sonst vollsaugen und das Aroma verlieren. Die Pilze in feine Blättchen schneiden.

- Die Zwiebel schälen und sehr fein würfeln, die Petersilie feinhacken.
- Die Butter in einem großen, breiten Topf erhitzen und die Zwiebel darin unter Rühren glasig braten. Die Pilze zufügen und unter gelegentlichem Umwenden etwa 5 Minuten braten lassen, bis die austretende Flüssigkeit fast ganz verdampft ist.
- Das Mehl darüberstreuen und sofort gut unterrühren. Unter weiterem vorsichtigem Rühren gründlich anschwitzen; es müssen sich kleine schäumende Bläschen am Topfboden zeigen.

- Die Petersilie hinzufügen und die Sahne unterrühren. Achten Sie dabei stets darauf, daß die Sahne sich möglichst schnell mit dem Mehl verbindet, damit dieses nicht nachdunkelt oder sogar verbrennt.
- Die Pilze nun noch 5–10 Minuten (je nach Größe und Art der ausgewählten Mischung) bei schwacher Hitze köcheln lassen und erst dann mit Salz und Pfeffer abschmecken. Die Pilze sofort servieren, damit sich keine Haut absetzt.

Gemüseauflauf

Schmeckt mit allen Gemüsen der Saison

Für 4 Personen brauchen Sie:
500 g Broccoli · 500 g Kohlrabi
500 g junge Möhren · 250 g Pökelzunge
150 g Gouda · 1 Zwiebel
1 Knoblauchzehe · Salz · 2 Eßl. Butter
1 Eßl. Mehl · ¼ l Kochwasser vom Gemüse
⅛ l Sahne · 3 Eigelb · Muskatnuß
weißen Pfeffer, frisch gemahlen
2 Eiweiß · Butter für die Form

Etwa 2630 Joule/630 Kalorien pro Person
Zubereitungszeit: 1¼ Stunden

Die Broccoli von welken Blättern und harten Strunkteilen befreien und in kaltem Wasser waschen. Die Broccoli in Röschen teilen und die Stiele schälen. Die Enden etwas einschneiden.

• Die Blätter der Kohlrabi entfernen. Alle zarten, jungen Blättchen waschen, abtropfen lassen, feinhacken und für die Sauce beiseite legen. Die Kohlrabi mit einem scharfen Messer schälen, dabei alle holzigen Teile abschneiden, die vor allem an der Wurzelseite sitzen. Kaufen Sie möglichst immer junge Kohlrabi, die zarter sind und bei denen es weniger Abfall gibt. Die Kohlrabi vierteln und in Scheiben schneiden.

• Die Möhren schaben: Halten Sie dazu die einzelnen Möhren dicht am Blätteransatz und schaben Sie mit einem schräggestellten Messer die Schale von oben nach unten dünn ab. Schneiden Sie dann die Blätter dicht an der Wurzel ab. Die Möhren waschen.
• Die Pökelzunge in feine Streifen oder Würfel schneiden. Den Käse reiben. Die Zwiebel und die Knoblauchzehe schälen. Die Zwiebel feinwürfeln, die Knoblauchzehe in Scheiben schneiden und mit etwas Salz zerdrücken.
• Einen großen Topf mit reichlich Salzwasser zum Kochen bringen.
• Die Broccoliröschen im sprudelnd kochenden Wasser bei starker Hitze 2 Minuten blanchieren. Mit einem Schaumlöffel herausheben und zum Abschrecken in das Eiswasser geben. Durch das Blanchieren und Abschrecken behalten die Broccoli ihre frische grüne Farbe. Die Möhren 10 Minuten und dann die Kohlrabischeiben 7 Minuten blanchieren und jeweils abschrekken. Alle Gemüse aus dem Eiswasser heben und gut abtropfen lassen.
• Vom Kochwasser des Gemüses ¼ l für die Sauce abmessen. Die restliche Gemüsebrühe für eine Suppe aufbewahren.
• Den Backofen auf 200° vorheizen.
• 1 Eßlöffel Butter in einem Topf mit hohem Rand bei mittlerer Hitze zerlassen, bis sie leicht schäumt, aber nicht braun wird. Die Zwiebel zugeben und unter Rühren in der Butter glasig, aber nicht braun braten. Den Knoblauch zugeben.

• Das Mehl über die Zwiebel stäuben und bei mittlerer Hitze unter ständigem Rühren hellgelb anschwitzen.
• Etwa ¼ der Gemüsebrühe angießen. Mit dem Schneebesen kräftig schlagen, damit sich keine Klümpchen bilden. Wenn die Flüssigkeit vollkommen absorbiert ist, die restliche Gemüsebrühe zugießen.
• Die Sauce mit dem Schneebesen weiter schlagen, bis sie glatt ist, und im offenen Topf bei schwacher Hitze 10 Minuten köcheln lassen. Alle mit Mehl zubereiteten Saucen sollten so lange gekocht werden, denn dadurch verliert sich der Mehlgeschmack.

• Die Sahne in die Sauce rühren. Den Topf vom Herd ziehen.

• Etwas Sauce abnehmen, mit den Eigelb vermischen und wieder in die Sauce rühren. Sie darf jetzt nicht mehr kochen.
• Etwa zwei Drittel des geriebenen Goudas in die Sauce geben und unter ständigem Rühren darin auflösen. Die gehackten Kohlrabiblättchen zugeben. Die Sauce mit Salz, geriebener Muskatnuß und Pfeffer abschmecken. Etwas abkühlen lassen.
• Inzwischen die Eiweiß mit einer Prise Salz sehr steif schlagen und vorsichtig unter die Käsesauce ziehen.
• Eine Auflaufform mit etwas Butter ausfetten. Schichtweise die Gemüse, die Pökelzunge und die Sauce einfüllen. Die oberste Schicht sollte aus Sauce bestehen. Den Gemüseauflauf mit dem restlichen geriebenen Käse bestreuen und mit der restlichen, in Flöckchen geteilten Butter belegen.
• Den Gemüseauflauf in den Ofen auf die zweite Schiene von unten stellen und etwa 30 Minuten backen, bis der Käse zerlaufen und die Oberfläche schön gebräunt ist.

Variante: Schneller Gemüseauflauf

500 g Schwarzwurzeln unter fließendem kaltem Wasser gründlich bürsten und schälen. Die geschälten Stangen sofort in kaltes, mit Zitronensaft vermischtes Wasser legen, damit sie sich nicht verfärben. Die Schwarzwurzeln in etwa 5 cm lange Stücke schneiden und in Salzwasser etwa 20 Minuten garen. Herausheben und abtropfen lassen. 500 g vorbereiteten, frischen Grünkohl 3 Minuten blanchieren und eiskalt abschrecken. 300 g gekochten Schinken in Streifen schneiden und mit 1 gewürfelten Zwiebel in Butter glasig braten. 200 g Crème fraîche mit ⅛ l Milch, 1 Ei, 2 Eßlöffeln gehackter Petersilie und 100 g geriebenem Käse mischen. Die Gemüse, die Schinken-Zwiebel-Masse und die Sauce in eine gefettete Form schichten und mit 50 g geriebenem Käse bestreuen. Mit Butterflöckchen belegen und überbacken.

Lassen Sie sich bei diesem deftigen Essen am besten von dem inspirieren, was der Markt gerade bietet. Die Zubereitung braucht etwas Zeit, aber sie ist ganz einfach: Die vorgegarten Gemüse werden mit Pökelzunge – wie in unserem Rezept –, Wurst, Schinken oder Speck in eine Form geschichtet, mit einer feinen Käsesauce begossen und im Ofen überbacken. Auf diese Weise können Sie Reste hervorragend und fantasievoll verwerten. Wenn Sie Gemüsereste verarbeiten, sollten Sie allerdings die Garzeit verkürzen, sonst werden sie zu weich. Schalten Sie in diesem Fall die Temperatur des Backofens einfach höher, damit der Auflauf rascher bräunt.

Kartoffel-Lauch-Gratin

Einfach zuzubereiten, braucht aber etwas Zeit zum Garen

Für 4 Personen brauchen Sie:
1–2 Knoblauchzehen · 50 g Butter
500 g mehlig kochende Kartoffeln
2 Stangen Lauch (Porree) · Salz
schwarzen Pfeffer, frisch gemahlen
Muskatnuß, frisch gerieben
40 g Gruyère oder Emmentaler, frisch gerieben
30 g Parmesan, frisch gerieben
etwa ¾ l Sahne

Etwa 3640 Joule/870 Kalorien pro Person
Zubereitungszeit: etwa 1½ Stunden

Die Knoblauchzehen schälen und halbieren. Boden und Rand der Gratinform sehr sorgfältig damit einreiben und anschließend mit einem Teil der Butter einfetten.

• Die Kartoffeln schälen, waschen und in gleichmäßige, etwa 2–3 mm dicke Scheiben schneiden. (Dazu können Sie auch einen Gurkenhobel verwenden.) Die Scheiben auf Haushaltspapier legen und gut trockentupfen.
• Den Backofen auf 220° vorheizen.

• Die Lauchstangen von ihren Wurzeln und den sehr dunklen Blattspitzen befreien, der Länge nach bis einige Zentimeter vor dem Wurzelansatz aufschlitzen und fließendes kaltes Wasser so lange durch die einzelnen Schichten fließen lassen, bis sämtliche Erdreste verschwunden sind. Den Lauch dann in feine Ringe schneiden.

• Die Form nun abwechselnd mit Kartoffelscheiben und Lauchringen füllen. Die Scheiben dazu leicht schräg so in die Form stellen, daß sie sich dachziegelartig überlappen. Als nächstes eine Reihe Lauchringe einstreuen und mit Kartoffelscheiben fortfahren. Auf diese Weise alle Zutaten einschichten, wobei bis zum Rand der Form etwa 1 cm frei bleiben sollte. Das Gemüse danach mit Salz, Pfeffer und Muskat recht kräftig würzen.

• Die Sahne nach und nach angießen, damit sie sich in allen Zwischenräumen verteilt. Zusätzlich können Sie die Form ein wenig rütteln, bis alle Zutaten mit Sahne bedeckt sind.
• Zum Schluß beide Käsesorten darüberreiben und die restliche Butter in sehr kleinen Flöckchen darauf verteilen.
• Die Form auf die mittlere Schiene des vorgeheizten Ofens schieben und den Gratin in 45–60 Minuten garen. Die Garzeit hängt von der Kartoffelsorte ab. Am besten prüfen Sie zwischendurch mit einer Gabel, ob sämtliche Kartoffelschichten weich sind. Sollte die Oberfläche zu stark bräunen, können Sie sie mit Alufolie leicht abdecken.
• Der Gratin sollte wirklich dampfend heiß serviert werden.

Paßt gut zu: Lammfleischgerichten und zu gegrilltem Rindfleisch, kann aber auch als Vorspeise, Zwischengericht oder mit einem grünen Salat als Hauptgericht gereicht werden.

Variante: Kohlrabigratin

500 g junge, zarte Kohlrabi schälen und je nach Größe halbieren oder vierteln. In etwa 3 mm dicke Scheiben schneiden, diese leicht salzen und 5 Minuten stehen lassen. Anschließend die einzelnen Scheiben mit Haushaltspapier sehr gut trockentupfen. Eine Gratinform üppig mit Butter einfetten und die Kohlrabi schichtweise hineingeben. Jede Schicht dabei salzen und pfeffern. Etwa ¼ l Sahne mit ⅛ l Milch mischen und den Gratin damit begießen. Im auf 180–200° vorgeheizten Ofen in etwa 45 Minuten garen. Paßt gut zu Rinder- oder Schweinebraten und zu Lammkoteletts.

Variante: Fenchelgratin

3 mittelgroße Fenchelknollen putzen, waschen, halbieren und in wenig gesalzenem Wasser etwa 10 Minuten kochen. Abtropfen lassen und nebeneinander in eine gefettete Gratinform legen. Mit Salz, Pfeffer, etwas feingehacktem Knoblauch und ein paar Anissamen würzen und mit etwa ¼ l verschlagener Crème fraîche begießen. Mit je 30–40 g frisch geriebenem Parmesan und mittelaltem Gouda bestreuen und im auf 200–220° vorgeheizten Ofen in etwa 35 Minuten garen. Paßt gut zu gegrilltem Lamm- oder Rindfleisch oder auch zu Fischgerichten.

Variante: Gratin von Äpfeln

4 mittelgroße Äpfel (Boskop oder Gravensteiner) schälen und die Kerngehäuse mit dem Apfelausstecher entfernen. Die Äpfel dann in dünne Scheiben schneiden und sofort mit etwas Zitronensaft bestreichen. Eine Gratinform mit Butter einfetten und die Äpfel schichtweise hineinlegen. Dabei erneut mit Zitronensaft beträufeln. ¼ l Crème fraîche mit etwa ¼ l Sahne verquirlen, darübergießen und im auf 220° vorgeheizten Ofen in etwa 20 Minuten garen. Paßt gut zu Wild und Schweinekoteletts.

»Gratin« ist das französische Wort für »Auflauf« und klingt darum entsprechend feiner und eleganter. Doch nicht nur sprachlich, sondern auch kulinarisch stellen die Gratins unsere Aufläufe in den Schatten. Was bei uns schwerer und kräftiger ist, kommt in Frankreich als zarter, samtiger Genuß auf den Tisch. Der berühmteste Gratin-Vertreter ist der Gratin dauphinois, der nur aus Kartoffeln besteht. Er wird mal mit purer Sahne, mal mit einer Mischung aus Sahne und Crème fraîche oder gelegentlich mit einer kalorienärmeren Sahne-Milch-Masse begossen. Auch mit einer Eiermilch wird er gelegentlich zubereitet.

Spätzle

Beliebte Beilage nicht nur im schwäbischen Raum

Spätzle, die nur mit Eiern und Eigelb zubereitet werden, schmecken sehr kernig und behalten nach dem Kochen noch etwas »Biß«. Ersetzt man einen Teil des Eigelbes durch Wasser, bleiben sie weicher. Die Flüssigkeitsmenge richtet sich stets nach der Größe und Frische der Eier sowie nach der Quellfähigkeit des Mehls.

Für 4 Personen brauchen Sie:

300 g Mehl · knapp 1 Teel. Salz
4 Eier · 1 Teel. Öl
1–3 Eigelb (oder etwas kaltes Wasser)
4 l Salzwasser zum Garen · 20 g Butter

Etwa 2010 Joule/480 Kalorien pro Person
Zubereitungszeit: 45–60 Minuten
Eventuelle Quellzeit: 30 Minuten

Das Mehl mit dem Salz, den Eiern, dem Öl und soviel Eigelben (oder auch etwas kaltem Wasser) verrühren, bis ein zäher, dickflüssiger Teig entsteht. Den Teig nun schlagen, bis er Blasen wirft und sich vom Schüsselrand löst. Etwa 30 Minuten ruhen lassen, damit das Mehl quellen kann. Sollte er nach dieser Zeit zu fest sein, etwas Eigelb oder Wasser unterrühren.

• Das Salzwasser in einem großen Topf zum Kochen bringen.

• Zum Schaben ein Spätzlebrett oder ein normales Holzbrett und ein mittelgroßes Küchenmesser mit kalten Wasser abspülen. Den Teig portionsweise auf das Brett geben, zum vorderen Rand hin dünn verstreichen und das Brett schräg über den Topf halten. Den Teig mit dem Messer in dünnen Streifen direkt in das kochende

Wasser schaben. Das Messer dabei immer mal wieder in kaltes Wasser tauchen.

• Sobald die Spätzle an der Oberfläche schwimmen, mit einem Schaumlöffel herausheben, abtropfen lassen und in einer vorgewärmten Schüssel warm stellen, bis aller Teig gegart ist.

• Die Butter schmelzen, aber nicht bräunen lassen und vor dem Servieren über die Spätzle gießen und locker vermischen.

Variante: Spinatspätzle

150 g Spinat verlesen, waschen und in sprudelnd kochendem Salzwasser 3–4 Minuten blanchieren. In eiskaltem Wasser abschrecken, abtropfen lassen, gut ausdrücken und feinhacken. Mit 300 g Mehl, 2–3 Eiern und 1–2 Eigelben zum Teig verarbeiten und mit Salz und geriebener Muskatnuß würzen. Verarbeiten und Garen wie im Grundrezept angegeben.

Variante: Kräuterspätzle

150 g frische Kräuter (Petersilie, Kerbel, Schnittlauch und Estragon zu etwa gleichen Teilen gemischt) abspülen, gut trokkenschwenken und feinhacken. Mit 300 g Mehl, 1 Teelöffel Salz, 3 Eiern und weiteren Eigelben nach Bedarf (je nach Feuchtigkeitsgehalt der Kräuter) zu einem zähen Teig verarbeiten. Weiterverarbeiten wie im Grundrezept beschrieben.

Variante: Leberspätzle

200 g passierte Rinderleber mit 400 g Mehl, 3 Eiern, 2 Teelöffeln gehackter Petersilie, ½–1 zerdrückte Knoblauchzehe, 1 Teelöffel getrocknetem, zerriebenem Majoran, Salz und schwarzem Pfeffer wie beschrieben verarbeiten.

Käsespätzle

Müssen unbedingt ganz heiß serviert werden

Die fertigen Spätzle werden bei 80° im Backofen warm gestellt. Wer langsam arbeitet, sollte den Backofen nur auf etwa 50° einschalten, damit die Spätzle nicht austrocknen und der Käse nicht hart wird. Wollen Sie einen Salat dazu reichen, sollten Sie auch ihn vorbereiten, denn Käs-Spatzen warten nicht gern.

Für 4 Personen brauchen Sie:
500 g Mehl · knapp 2 Teel. Salz
1 Teel. Öl · 6 Eier
1–3 Eigelbe (oder etwas kaltes Wasser)
4 große Zwiebeln · 75 g Butter
4 l Salzwasser zum Garen
200 g Emmentaler

Etwa 4290 Joule/1025 Kalorien pro Person
Zubereitungszeit: 1¼ Stunden

Das Mehl mit dem Salz, dem Öl, den Eiern und so vielen Eigelben (oder auch etwas Wasser) verrühren, bis ein zäher, dickflüssiger Teig entsteht. Schlagen, bis er Blasen wirft und sich vom Schüsselrand löst. Den Teig dann ruhen lassen, damit das Mehl quellen kann. Danach, wenn nötig, noch etwas Eigelb oder auch etwas kaltes Wasser untermischen.

- Inzwischen die Zwiebeln schälen und in Ringe schneiden. Die Butter in einer großen Pfanne erhitzen und die Zwiebeln darin unter Wenden goldbraun braten.
- Das Salzwasser in einem großen Topf zum Kochen bringen und den Backofen auf etwa 80° vorheizen.
- Den Emmentaler raspeln.
- Ein Haushaltsbrett und ein mittelgroßes Küchenmesser in kaltes Wasser tauchen. Den Teig portionsweise auf das Brett streichen und mit dem Messer in dünnen Streifen in das kochende Wasser schaben.
- Sobald die Spätzle an die Oberfläche steigen, diese jeweils mit einem Schaumlöffel herausheben, abtropfen lassen und abwechselnd mit etwas Käse in eine feuerfeste Form schichten. Diese zudecken und in den heißen Ofen stellen.

- Wenn alle Spätzle eingefüllt sind, den restlichen Käse und die heißen Zwiebeln darauf verteilen und sofort servieren.

Variante: Allgäuer Käsespätzle

Ersetzen Sie für diese pikantere Variante 50 g des Emmentalers durch Romadur.

Kartoffelsalat mit Mayonnaise

Schmeckt am besten gut durchgezogen und zimmerwarm serviert

Für 4 Personen brauchen Sie:
2 Eigelb · 1½ Teel. Dijonsenf
2 Teel. Zitronensaft · ⅛ l Öl
1 kg Salatkartoffeln · Salz
schwarzen Pfeffer, frisch gemahlen
1 Zwiebel · 100 g Gewürzgurke
1 säuerlichen Apfel · 2 Teel. Kapern
1 Eßl. Joghurt · 3 Eßl. Gurkenmarinade

Etwa 2385 Joule/570 Kalorien pro Person
Zubereitungszeit: etwa 1 Stunde
Ruhezeit: 30 Minuten

Für die Mayonnaise die Eigelb, den Senf, den Zitronensaft und das Öl bereitstellen, damit alle diese Zutaten Raumtemperatur annehmen können. Das ist wichtig für das Gelingen der Mayonnaise; wenn die Zutaten zu kalt sind oder stark unterschiedliche Temperaturgrade haben, gerinnt die Mayonnaise leicht.

• Die Kartoffeln unter fließendem kaltem Wasser gründlich abbürsten, bis die Schale ganz sauber ist.

• Etwa 3 Finger hoch kaltes Wasser in einen Topf geben. Die Kartoffeln hineinlegen und zugedeckt bei starker Hitze zum Kochen bringen, dann die Temperatur reduzieren und die Kartoffeln bei schwacher Hitze in 25 bis 30 Minuten garen. Die Garzeit hängt von Größe und Sorte der Kartoffeln ab. Sie dürfen für den Salat nicht zu weich werden, sonst zerfallen sie beim Schneiden. Machen Sie deshalb immer wieder mit einem spitzen Messer eine Garprobe: Wenn die Kartoffeln sich leicht durchstechen lassen, in der Mitte aber noch etwas Widerstand leisten, sind sie fertig.

• Für die Mayonnaise die Eigelb in eine Schüssel geben und mit Salz, dem Senf, Pfeffer und dem Zitronensaft verrühren. Das geht am besten mit dem Schneebesen; Sie können jedoch auch die Rührbesen des Handrührgerätes verwenden.

• Wenn sich alle diese Zutaten zu einer glatten Masse verbunden haben, das Öl unter ständigem kräftigen Rühren zuerst

nur tropfenweise unterrühren. Sobald das Eigelb das Öl vollkommen absorbiert hat, das restliche Öl in dünnem Strahl einfließen lassen und unterschlagen. Es ist sehr wichtig, immer nur wenig Öl zu der Eigelbmischung zu geben, sonst trennt sich die Emulsion zwischen Eigelb und Öl, die Mayonnaise gerinnt. Sollte dieses einmal passieren, können Sie die Mayonnaise noch retten: Rühren Sie ein weiteres Eigelb in einer anderen Schüssel glatt und schlagen Sie die geronnene Mayonnaise langsam unter das Eigelb.

• Wenn das Öl verbraucht ist, prüfen Sie die Konsistenz der Mayonnaise: Sie muß so fest sein, daß sie an einem Messer haftet. Die Mayonnaise noch einmal mit Salz und eventuell Pfeffer abschmecken.

• Die Kartoffeln abschrecken, damit sie sich besser schälen lassen.

• Die Kartoffeln noch heiß schälen und in etwa ½ cm dicke Scheiben schneiden. Kartoffelsalate sollten Sie grundsätzlich mit noch heißen bis warmen Kartoffelscheiben zubereiten. Die Stärke in den Kartoffeln hat dann noch nicht abgebunden, wodurch die Kartoffeln die Salatsauce besser aufnehmen können.

• Die Zwiebel schälen, feinwürfeln und mit etwas Salz bestreuen. Das Salz entzieht der Zwiebel einen Teil des Saftes und nimmt ihr damit die Schärfe.

• Die Gewürzgurken ebenfalls würfeln. Den Apfel vierteln und schälen. Das Kerngehäuse entfernen und den Apfel in kleine Würfel schneiden.

• Die Kartoffelscheiben, die Zwiebel, die Gewürzgurken, die Apfelwürfel und die Kapern vorsichtig mischen.

• Die Mayonnaise mit dem Joghurt und der Gurkenmarinade verrühren und unter den Kartoffelsalat ziehen.
Bei Zimmertemperatur 30 Minuten zugedeckt durchziehen lassen. Vor dem Anrichten noch einmal mit Salz abschmecken.

Paßt gut zu: gebratenem, paniertem Fischfilet, Schnitzeln und Grillkoteletts

Variante:
Bayerischer Kartoffelsalat

1 kg Salatkartoffeln vorbereiten und garen. Die Kartoffeln noch heiß schälen und in Scheiben schneiden. Während die Kartoffeln kochen, das Dressing zubereiten: ¼ l doppelt starke, heiße Würfelbrühe mit ½ Eßlöffel scharfem Senf, 2 Eßlöffeln Weinessig, Salz, frisch gemahlenem schwarzem Pfeffer und 4 Eßlöffeln Öl verrühren. Die Kartoffelscheiben mit dem Dressing, 1 großen, gewürfelten Zwiebel und 2 Eßlöffeln Schnittlauchröllchen mischen. Vor dem Servieren 30 Minuten ziehen lassen.

Das A und O bei einem guten Kartoffelsalat ist die richtige Sorte. Die Kartoffeln müssen sich auch nach dem Kochen in dünne Scheiben schneiden lassen, ohne zu zerfallen. Im Supermarkt, wo es Kartoffeln im allgemeinen nur abgepackt zu kaufen gibt, achten Sie bitte auf Sortenbezeichnung und Kocheigenschaften. »Festkochende« oder auch »vorwiegend festkochende« Sorten wie »Bamberger Hörnle«, »Hela«, »Sieglinde« oder »Hansa« sind für Kartoffelsalat geeignet. In Norddeutschland macht man Kartoffelsalat oft mit Mayonnaise an, die Süddeutschen bevorzugen Essig, Öl und eine kräftige Fleischbrühe. Wir stellen Ihnen beide Versionen vor.

Speckknödel

Mit Sauerkraut ein deftiges Hauptgericht

In Süddeutschland und Österreich zählen Knödel – ob aus Kartoffeln, Brötchen oder Mehl zubereitet – noch immer zu den beliebtesten Beilagen. Man serviert sie zu Fleischgerichten mit reichlich Sauce, denn Knödel lassen sich herrlich »tunken«. In der bäuerlichen Küche galten sie schon immer als sättigendes Hauptgericht.

Für 4 Personen brauchen Sie:
10 altbackene Brötchen vom Vortag
⅜ l Milch · 200 g geräucherten Speck
1 mittelgroße Zwiebel · Salz
1 Bund Petersilie, frisch gehackt
3 Eier

Etwa 3095 Joule/740 Kalorien pro Person
Zubereitungszeit: etwa 40 Minuten

Die Brötchen mit der Brotschneidemaschine oder einem scharfen Messer in dünne Scheiben schneiden. Die Scheiben in eine Schüssel geben.

• Die Milch lauwarm erhitzen und gleichmäßig über die Brotscheiben gießen. Ein rundes Brett oder einen Topfdeckel auf die Brötchen legen und beschweren. Die Brötchen weichen so gleichmäßiger durch.

• Den Speck mit einem scharfen Messer feinwürfeln, die Knorpel dabei entfernen. Die Zwiebel schälen und ebenfalls in kleine Würfel schneiden.

• 4 l Wasser in einen Topf füllen. 2 Eßlöffel Salz zugeben und das Wasser zum Kochen bringen.

• Eine Pfanne ohne Fettzugabe erhitzen. Die Speckwürfel hineingeben und unter Rühren bei mittlerer Hitze ausbraten. Sobald der Speck von ausgebratenem Fett umgeben ist, die Zwiebelwürfel und die Petersilie untermischen. So lange mitbraten, bis die Zwiebel glasig ist. Die Speck-Zwiebel-Mischung abkühlen lassen.

• Die Eier und die Speck-Zwiebel-Mischung zu den eingeweichten Brötchen geben. Alles mit angefeuchteten Händen gut durchkneten oder mit den Knethaken des Handrührgerätes durcharbeiten. Den Knödelteig mit Salz würzen.

• Aus dem Teig mit angefeuchteten Händen Knödel formen und auf einen Teller legen. Die fertigen Knödel in das leicht kochende Salzwasser einlegen und im offenen Topf 10 bis 15 Minuten leise sprudelnd kochen lassen. Anfangs eventuell mit einem Holzlöffel vorsichtig vom Topfboden lösen, damit sie an die Oberfläche steigen können.

• Die gegarten Speckknödel mit einem Schaumlöffel aus dem Wasser heben, gut abtropfen lassen und in einer vorgewärmten Schüssel anrichten. Sie schmecken am besten, wenn sie sofort serviert werden.

Das paßt dazu: außer Sauerkraut auch Pilze in Sahnesauce

Unser Tip: Semmelknödel bereiten Sie auf dieselbe Art zu. Lassen Sie aber den Speck weg und geben Sie die ungebratenen Zwiebelwürfel in den Teig.

Rohe Kartoffelklöße

Brauchen etwas Zeit, sind aber handgemacht eine wahre Delikatesse

Zwar werden Kartoffelklöße in guter Qualität als Fertig- und Halbfertigprodukte angeboten, aber hin und wieder sollten Sie sich die Mühe machen, sie selbst herzustellen. Es ist gar nicht so schwer, wie man oft glaubt. Voraussetzung sind allerdings mehligkochende Kartoffeln; festkochende Sorten sind ungeeignet.

Für 4 Personen brauchen Sie:
2 kg mehligkochende Kartoffeln (geschält und geputzt gewogen)
etwas Essig · etwa ¼ l Milch
3 Teel. Salz · 1 Brötchen · 2 Eßl. Butter

Etwa 2010 Joule/480 Kalorien pro Person
Zubereitungszeit: etwa 1½ Stunden

Die Kartoffeln schälen, waschen, abtrocknen und möglichst genau abwiegen. 500 g Kartoffeln als Salzkartoffeln kochen. Die rohen Kartoffeln reiben. Etwas Essig zugeben, damit sie sich nicht verfärben.

• Die geriebenen Kartoffeln in einem Tuch fest ausdrücken. Die Flüssigkeit auffangen und beiseite stellen, damit sich die Stärke absetzen kann. Die ausgepreßten Kartoffeln in eine Schüssel geben.
• Die Milch zum Kochen bringen.
• Die gekochten Kartoffeln abgießen und noch heiß durch die Kartoffelpresse drükken.

• Den Kartoffelsaft vorsichtig so abgießen, daß lediglich die Stärke, die sich am Boden abgesetzt hat, übrigbleibt.
• Die rohen Kartoffeln mit der kochenden Milch übergießen, die gekochten Kartoffeln, die Kartoffelstärke und das Salz zufügen und alles zu einem festen, nicht klebrigen Teig verarbeiten.
• Mit kalt abgespülten Händen einen Probekloß formen. Diesen in kochendes Salzwasser legen und prüfen, ob er seine Form behält. Wenn das nicht der Fall ist, zusätzlich etwas fertiges Kartoffelmehl unter den Teig kneten.
• Während der Probekloß gart, das Brötchen fein würfeln und in der heißen Butter goldgelb rösten. Leicht abkühlen lassen.
• Die übrigen Klöße formen und jeden mit ein paar Brotwürfeln füllen. Portionsweise in das kochende Wasser legen, einmal aufwallen lassen und bei schwacher Hitze im offenen oder nur halb bedeckten Topf in etwa 20–30 Minuten garziehen lassen. Vor dem Servieren gut abtropfen lassen.

Schweizer Rösti

Berühmte und beliebte Schweizer Spezialität

Wie bei allen Landesgerichten, gibt es auch bei den Schweizer Rösti fast so viele Rezepte wie Familien. Die einen verwenden gekochte Kartoffeln, die anderen mischen gekochte mit rohen und manche schwören, daß Rösti nur mit rohen Kartoffeln optimal gelingt. Voraussetzung: mehligkochende Kartoffelsorten.

Für 4 Personen brauchen Sie:
750 g mehligkochende Kartoffeln
Salz · weißen Pfeffer, frisch gemahlen
Muskatnuß, frisch gerieben
etwa 100 g Butter zum Braten
¼ Bund Petersilie

Etwa 1275 Joule/305 Kalorien pro Person
Zubereitungszeit: etwa 1 Stunde

Die Kartoffeln schälen, unter kaltem Wasser waschen und mit Haushaltspapier sehr gut abtrocknen. Auf der Gemüsereibe in grobe Streifen raspeln und diese in eine Schüssel geben. Die Kartoffeln mit Salz, Pfeffer und Muskatnuß würzen.
• Etwa ein Achtel der Butter in einer heißen Pfanne erhitzen.
• Den Backofen auf etwa 80° vorheizen, um die Rösti nach dem Garen darin warm halten zu können, bis alle fertig sind.
• Etwa ein Viertel der Kartoffelmasse aus der Schüssel nehmen und zwischen den Handflächen gut ausdrücken.
• Diese Masse in die heiße Butter geben und mit dem Pfannenwender, einem Spatel oder einer Palette zu einem gleichmäßig dicken, runden Fladen zusammenpressen. Sekundenlang bei starker Hitze anbraten, dann die Temperatur herunterschalten und das Rösti in 10–15 Minuten fast durchgaren lassen.

• Das Rösti auf einen Pfannendeckel gleiten lassen und sofort die Temperatur wieder hochschalten. Ein weiteres Achtel der Butter in der Pfanne erhitzen und das Rösti umgekehrt (gebackene Seite nach oben) in die Pfanne stürzen. Erneut nach ein paar Sekunden die Temperatur herunterschalten und das Rösti in weiteren 10–15 Minuten fertig garen.
• Das Rösti auf einer dicken Lage Haushaltspapier schnell abfetten lassen, dann im heißen Ofen warm stellen, bis alle Rösti gebraten sind. Dabei sollten sie stets nebeneinander, nie übereinander, liegen, da sie sonst weich werden.
• Die Petersilie abspülen, trockenschwenken und feinhacken.
• Die Rösti auf vorgewärmten Tellern oder einer Platte anrichten und mit der Petersilie garnieren.

Das paßt dazu: eine große Schüssel grüner oder gemischter Salat

Unser Tip: Zu feinen, eleganten Beilagen werden die Rösti, wenn Sie sie in Miniportionen braten und zu kurzgebratenem Fleisch, zu Rehrücken, Lammkeule oder anderen großen Braten servieren. Zu außerordentlich pikanten Hauptgerichten steigen sie auf, wenn Sie ein paar dünne Zwiebelringe, hauchdünne Speckstreifchen oder grobgeraspelten Emmentaler darunter mischen. In diesen Fällen paßt ebenfalls ein grüner Salat dazu.

Bratkartoffeln aus rohen Kartoffeln

Eine besonders beliebte und köstliche Beilage

Im Gegensatz zu den »normalen« Bratkartoffeln, die häufig auch aus Resten zubereitet werden, gehören die »rohen Scheiben«, wie sie auch genannt werden, heute mittlerweile zu den Delikatessen, die ihren Ursprung in der ländlichen Küche haben. Häufig werden sie noch mit Räucherspeck oder Schinken vermischt.

Für 4 Personen brauchen Sie:
1 kg festkochende Kartoffeln
6 Eßl. Olivenöl · 2 große Zwiebeln
1–2 Knoblauchzehen
1 Bund Schnittlauch · 20 g Butter
Salz · weißen Pfeffer, frisch gemahlen
1–2 Teel. Kümmel

Etwa 1465 Joule/350 Kalorien pro Person
Zubereitungszeit: etwa 40 Minuten

Die Kartoffeln schälen, waschen und mit dem Gemüsehobel in gleichmäßige Scheiben schneiden. Auf eine dicke Lage Haushaltspapier geben und mit weiterem Papier trockentupfen.

- Das Olivenöl in einer Pfanne erhitzen und die Kartoffeln darin unter häufigem Wenden bei starker Hitze rundherum anbraten.
- Die Zwiebeln schälen, halbieren und in Streifen schneiden. Unter die Kartoffeln mischen und wenige Minuten bei starker Hitze braten, dann bei mittlerer Hitze in weiteren 20 Minuten garen. Hin und wieder wenden. Die Knoblauchzehen schälen und sehr fein würfeln. Den Schnittlauch waschen, trockenschwenken und in feine Röllchen schneiden.

- Nach und nach die Butter in kleinen Flöckchen unter die Kartoffeln mischen und diese darin ein wenig rösten lassen. Diese zusätzliche Fettzugabe sorgt für ein besonders würziges Aroma. Die Bratkartoffeln nun mit dem Knoblauch, reichlich Salz und Pfeffer kräftig würzen, den Kümmel darüberstreuen und alles während des Weiterbratens gut durchziehen lassen. Nach Wunsch auf Haushaltspapier etwas entfetten und mit den Schnittlauchröllchen bestreut heiß servieren.

Paßt gut zu: kurzgebratenem Fleisch jeder Art, kann aber auch mit Spiegelei und grünem Salat als Hauptgericht serviert werden

Bayerische Creme

Es ist der sahnige Schmelz, der das Kalorienzählen vergessen läßt

Für 6 Personen brauchen Sie:
6 Blatt weiße Gelatine · ½ l Milch
1 Prise Salz · 1 Vanilleschote
5 Eigelb · 100 g Zucker · ½ l Sahne
1 Päckchen Vanillinzucker

Etwa 1885 Joule/450 Kalorien pro Person
Zubereitungszeit: etwa 1 Stunde
Kühlzeiten: etwa 3 Stunden

Die Gelatineblätter voneinander lösen und einzeln in reichlich kaltes Wasser legen, damit sie quellen können. Bei aneinandergeklebten Blättern kann es passieren, daß nicht alle Schichten gleichmäßig quellen und sich später dadurch Reste in der Creme wiederfinden.

- Die Milch mit der Prise Salz in einen Topf geben.
- Die Vanilleschote der Länge nach aufschlitzen und das Mark mit der Messerspitze herausschaben. Das Mark zusammen mit der Schote unter die Milch mischen und diese einmal aufkochen lassen. Den Topf danach sofort vom Herd nehmen.
- Die Eigelb in einen Topf geben und schaumig schlagen. Dabei nach und nach den Zucker einrieseln lassen und so lange weiterschlagen, bis sich der Zucker gelöst hat (wie Sie es vom Biskuitteig kennen).
- Die Vanilleschote aus der Milch nehmen und den Topf mit der Eigelbschaummasse auf eine nur schwach erhitzte Kochplatte stellen. Sofort – bevor sich der Topfboden erwärmen kann – nach und nach die Vanillemilch unter ständigem Schlagen in die Creme gießen. Danach den Schneebesen durch einen Holzlöffel oder einen Spatel ersetzen.
- Die Creme nun unter ständigem Rühren erhitzen, bis sie cremig wird. Sie darf dabei jedoch keinesfalls kochen, da sie sonst ausflockt.

- Die Creme hat die richtige Konsistenz, wenn sie auf dem herausgehobenen Spatel liegenbleibt und nicht mehr dünnflüssig herunterrinnt. Zur Probe können Sie leicht auf die Creme pusten, die dann kreisförmige Wülste, entfernt an eine Rose erinnernd, zeigen muß. In der Fachsprache heißt dieser Vorgang übrigens »die Creme bis zur Rose abziehen«.

- Die Gelatine aus dem Wasser nehmen, sehr gut ausdrücken und in der warmen Creme unter Rühren auflösen. Sie muß dabei so lange erwärmt werden, bis sie völlig geschmolzen ist. Jedoch darf die Creme auch hierbei nicht zu stark erhitzt werden, da sie noch immer ausflocken kann. Den Topf anschließend vom Herd nehmen.
- Eine große Schüssel etwa zur Hälfte mit kaltem Wasser füllen und zwei- bis drei Handvoll Eiswürfel hineingeben.

- Eine etwas kleinere Schüssel hineinstellen und die Creme durch ein Spitzsieb hineingießen. Auf diesen Arbeitsgang sollten Sie auf keinen Fall verzichten, denn Gelatine- und Eiweißreste werden auf diese Weise entfernt. Später würden sie den Genuß erheblich stören. Haben Sie kein Spitzsieb, geht es notfalls auch mit einem Haarsieb.
- Die Creme in dem kalten Wasserbad unter häufigem Umrühren abkühlen lassen, bis sie eine stärkere, cremige Bindung zeigt.
- Die Sahne steifschlagen und mit dem Vanillinzucker süßen.
- Sobald die Creme beim Durchrühren »Straßen zieht«, das heißt auch nach dem Durchrühren noch deutliche Konturen zeigt,

die Sahne daraufgleiten lassen und sehr locker mit einem Schneebesen oder auch mit dem Holzspatel unterheben. Beide Massen dürfen dabei nicht gerührt werden, weil sie sonst ihr schaumiges Volumen verlieren. Außerdem ist es wichtig, daß beide Massen dieselbe Temperatur haben: Bei zu warmer Creme würde die Sahne zerlaufen, bei zu kalter Creme würden beide Massen sofort erstarren und sich nicht locker und cremig miteinander vermischen können. Die Creme bis zum Servieren in den Kühlschrank stellen und gelegentlich umrühren, damit sie schön luftig bleibt und sich keine Haut absetzt. Die Bayerische Creme erst unmittelbar vor dem Servieren in (vorher gekühlte) Gläser füllen.

Unser Tip: Die Eiermasse können Sie in eine Metallschüssel geben und diese in ein heißes, aber nicht kochendes Wasserbad stellen, damit die Creme nicht zu heiß wird.

Variante: Bayerische Creme mit Himbeerkern

Etwa 600 g Himbeeren putzen.
Mit 60–100 g Zucker (je nach Reifegrad der Beeren), 2 Gläschen Himbeergeist und ein paar Tropfen Beeren- oder Kirschlikör mischen und zugedeckt ein paar Minuten ziehen lassen. Im Mixer pürieren und erwärmen, bis sich der Zucker gelöst hat. Zwischenzeitlich 2–3 Blatt Gelatine quellen lassen. Im warmen Fruchtpüree auflösen und abkühlen lassen. Kurz vor dem Erstarren etwa ein Drittel der Bayerischen Creme darunterheben. Die übrige helle, wie im Rezept zubereitete, jedoch mit etwas mehr Gelatine stabilisierte Creme in eine Schüssel geben. Die Himbeercreme in einen Spritzbeutel mit großer Lochtülle füllen und diesen in die Mitte der hellen Creme tauchen. Die Himbeermasse hineindrücken, so daß sich die helle Creme an den Rand preßt. Das Dessert 6–8 Stunden in den Kühlschrank stellen. Vor dem Servieren auf eine Platte stürzen.

Die Bayerische Creme oder »Crème bavaroise«, wie sie in der feinen, klassischen Küche heißt, kann auf vielfältige Weise angerichtet und serviert werden. So läßt sie sich ausgezeichnet mit anderen Aromen wie zum Beispiel Nüssen, Mandeln, Kaffee, Kakao, Schokolade oder verschiedenen Alkoholika würzen, man kann sie jedoch ebensogut mit Fruchtpürees oder zerkleinerten Früchten mischen und/oder sie mit beliebigen Saucen umgießen. Dieses Rezept ergibt eine lockere, duftige Creme. Wenn Sie sie jedoch stürzen möchten, sollten Sie die Gelatinemenge um 2–3 Blatt erhöhen. Dasselbe gilt, wenn Sie Früchte oder Fruchtpürees untermischen.

Grießflammeri

Sollte einen Tag vor dem Servieren zubereitet werden

Mit den mehr oder weniger faden Grießbreis unserer Kindheit hat dieses wunderbar zarte und lockere Dessert nichts zu tun. Wichtig ist nur, daß Sie den an sich geschmacksneutralen Grieß mit den Schalen von Zitrusfrüchten, Mandeln, Nüssen oder auch Alkohol aromatisieren.

Für 4 Personen brauchen Sie:
½ l Milch · 1 Prise Salz
¼ unbehandelte Zitrone
1 Stück Würfelzucker · 25 g Zucker
65 g Grieß · 2 Eier
40 g geschälte, feingehackte Mandeln

Etwa 1210 Joule/290 Kalorien pro Person
Zubereitungszeit: etwa 40 Minuten
Kühlzeit: etwa 12 Stunden

Die Milch mit dem Salz in einen hohen Topf geben. Die Zitrone unter fließendem heißem Wasser abspülen und gut abtrocknen. Die Schale mit Hilfe des Würfelzuckers in die Milch reiben. So können Sie die Schale wirklich ganz fein, und ohne daß weiße Haut mitgenommen wird, abreiben. Den aromatisierten Würfelzucker ebenfalls in die Milch geben.

• Die Milch zum Kochen bringen. Den Zukker und den Grieß einstreuen und unter Rühren einmal aufkochen lassen.

• Die Hitze sofort zurückschalten und den Grieß bei ganz schwacher Hitze in 10 Minuten ausquellen lassen. Dabei immer wieder umrühren, denn Grieß brennt leicht an. Um das zu vermeiden, können Sie auch einen Drahtuntersatz zwischen Kochplatte und Topfboden stellen. Den ausgequollenen Grieß vom Herd nehmen.

• Die Eier trennen. Die Eigelb mit etwas Grießbrei verrühren und alles unter die noch heiße Masse mischen.

• Die Eiweiß mit etwas Salz zu steifem Schnee schlagen und ebenfalls unter den noch heißen Brei rühren. Hierbei brauchen Sie den Eischnee nicht, wie sonst üblich, vorsichtig unter den Brei zu ziehen, denn durch die Hitze wird die Eiweißmasse ohnehin wieder etwas flüssig.

• Die Mandeln untermischen und die Masse eventuell noch süßen.

• Eine Flammeriform oder 4 Portionsschälchen mit kaltem Wasser ausspülen. Den Grießflammeri einfüllen und glattstreichen. Zwölf Stunden zugedeckt im Kühlschrank fest werden lassen.

• Eine Platte mit kaltem Wasser anfeuchten, damit der Flammeri nicht anklebt. Den Flammeri auf die Platte stürzen.

Das paßt dazu: dickflüssiger Himbeersaft oder Sauerkirschkompott

Variante: Vanilleflammeri mit Früchten

½ l Milch mit 1 Prise Salz, abgeriebener Zitronenschale, dem ausgeschabten Mark von 1 Vanilleschote und 30 g Zucker aufkochen. 40 g in etwas kalter Milch angerührte Speisestärke zugeben und einmal aufkochen lassen. Den etwas abgekühlten Flammeri mit 2 Eigelb und 2 steifgeschlagenen Eiweiß mischen. Schichtweise mit zerbröselten Makrönchen und gedünsteten Zwetschgen in Schälchen füllen und erkalten lassen. Mit Sahnetupfen verzieren. Dieser Flammeri läßt sich nicht stürzen.

Crème brûlée

Einfach unwiderstehlich gut

Übersetzt würde Crème brûlée etwa wie »Gebrannte Crème« heißen; aber das ist ja wirklich ein uncharmanter Name für ein solch zartes Dessert. Sein besonderer Reiz liegt in der Kombination von luftiger, eiskalter Sahnecreme und knuspriger, möglichst noch heißer Karamelkruste, die sich über die Oberfläche zieht.

Für 6 Personen brauchen Sie:
½ l Sahne · 1 Vanilleschote · 5 Eigelbe
3 Eßl. Zucker · 4 cl Orangenlikör
½ unbehandelte Orange

Etwa 2450 Joule/585 Kalorien pro Person
Zubereitungszeit: etwa 1½ Stunden
Kühlzeit: 4–6 Stunden

Die Sahne in einen Topf gießen und bei mittlerer Hitze langsam heiß werden, nicht kochen lassen.

- Die Vanilleschote der Länge nach aufschneiden, das Mark mit einem Messer ausschaben und mit den Schotenhälften in die Sahne mischen.
- Die Eigelbe mit knapp der Hälfte des Zuckers und dem Orangenlikör schlagen, bis die Crème weißschaumig ist.
- Die Orange heiß waschen, abtrocknen, die Schale hauchdünn abschneiden, in winzige Streifen schneiden und in die Crème geben.
- Das Wasser zum Kochen bringen. Den Backofen auf 180° vorheizen.
- Die Schoten aus der Sahne nehmen und diese unter ständigem Rühren in die Eigelbcreme gießen.
- Eine große feuerfeste Form mit einer dikken Schicht Haushaltspapier auslegen.
- Sechs kleine Soufflée-Förmchen so mit der Crème füllen, daß ein etwa fingerbreiter Rand frei bleibt. Nebeneinander so auf das Papier stellen, daß sie sich nicht berühren.
- Vom Rand her vorsichtig so viel kochendes Wasser angießen, daß die Förmchen etwa bis zur halben Höhe darin stehen. Die Form in den Ofen schieben und die Crème in etwa 1 Stunde garen. Sobald sich die Oberfläche verfärbt, diese mit durchlöcherter Alufolie abdecken.
- Die Förmchen herausnehmen, abkühlen lassen und für 4–6 Stunden in den Kühlschrank stellen.
- Den Grill vorheizen, den restlichen Zukker auf die Crème verteilen und den Zucker in wenigen Augenblicken goldgelb karamelisieren lassen. Sofort servieren.

Feiner Nußpudding

Gedämpfte Puddinge stammen ursprünglich aus der englischen Küche – auch heute noch zählen Plumpudding und Yorkshirepudding zu den bekanntesten Rezepten. Ende des 17. Jahrhunderts wurden Wort und Gericht auch bei uns heimisch.

So zart und locker, daß er auf der Zunge zergeht

Für 8 Personen brauchen Sie:
- 1 Vanilleschote · 60 g Zucker
- 20 g Butter · 80 g Haselnüsse
- 3 Eigelb · 2 cl Kakaolikör
- 2 Eiweiß · 1 Prise Salz
- 40 g Mehl · 1 Messerspitze Backpulver
- 50 g Kokosflocken
- Butter für die Form
- 1 Eßl. Semmelbrösel

Etwa 925 Joule/224 Kalorien pro Person
Zubereitungszeit: etwa 1½ Stunden

Die Vanilleschote längs aufschlitzen, das Mark herausschaben und mit 40 g Zucker mischen.
- Den Backofen auf 220° vorheizen.
- Die Butter bei sehr schwacher Hitze schmelzen und wieder handwarm abkühlen lassen.
- Die Haselnüsse auf ein trockenes Backblech schütten, so verteilen, daß sie nicht übereinanderliegen und im heißen Ofen 10 Minuten rösten, bis die Häutchen der Nüsse platzen.
- Die Nüsse in ein Küchentuch geben und die braunen Häute mit Hilfe des Tuches abreiben. Die Nüsse heraussammeln und abkühlen lassen.

- Erst danach die Haselnüsse durch die Mandelmühle drehen. 1 Eßlöffel von den Nüssen abnehmen und zum Ausstreuen der Form beiseite stellen.
- Die Eigelb mit dem Kakaolikör schaumig schlagen. Dabei nach und nach den vanillierten Zucker einrieseln lassen. So lange schlagen, bis eine dicke, cremige Masse entstanden ist.
- Die Eiweiß mit dem Salz zu schnittfestem Schnee schlagen. Nach und nach den restlichen Zucker einstreuen. Den Eischnee auf die Eigelbcreme gleiten lassen.
- Das Mehl mit dem Backpulver, den gemahlenen Haselnüssen und den Kokosflocken mischen und auf den Eischnee streuen. Die Mehlmischung und den Eischnee locker unter die Eigelbcreme ziehen.
- Die Butter in dünnem Strahl auf den Teig gießen und vorsichtig unterziehen.
- Eine verschließbare Puddingform von 1 l Inhalt mit Butter ausfetten. Die Semmelbrösel mit den restlichen Nüssen mischen und die Form damit ausstreuen.
- Den Teig in die Form geben; sie darf nur zu drei Viertel gefüllt sein, weil der Pudding sich beim Garen ausdehnt.
- Die Form verschließen und in einen schmalen hohen Topf stellen. So viel kochendes Wasser angießen, daß die Form zu etwa drei Viertel darin steht. Den Pudding bei schwacher Hitze im leise siedenden Wasserbad etwa 60 Minuten garen.
- Die Form aus dem Wasserbad nehmen und öffnen. Den Pudding etwa 2 Minuten ausdampfen lassen, dann auf eine Platte stürzen. Noch heiß als Dessert oder kalt zum Kaffee servieren.

Das paßt dazu: Schokoladensauce

Rote Grütze

Wunderbar erfrischend an heißen Tagen

Rote Grütze zählt zu den völlig unkomplizierten Desserts, für die sich kleine und große Naschkatzen gleichermaßen begeistern. Am besten schmeckt sie eiskalt; Sie sollten sie deshalb mindestens sechs Stunden vor dem Servieren zubereiten und in den Kühlschrank stellen.

Für 4 Personen brauchen Sie:

- 750 g frische Brombeeren, Erdbeeren, Himbeeren, rote Johannisbeeren und Heidelbeeren, gemischt
- ¼ l trockenen, fruchtigen Rotwein
- 30 g Speisestärke · 50 g Zucker
- 1 Stück Schale von einer unbehandelten Zitrone

Etwa 880 Joule/210 Kalorien pro Person
Zubereitungszeit: etwa 30 Minuten
Kühlzeit: 6 Stunden

Die Beeren in kaltem Wasser waschen und sehr gut abtropfen lassen. Die Brombeeren, die Himbeeren und die Erdbeeren entkelchen. Die Erdbeeren vierteln. Die Johannisbeeren vorsichtig von den Stielen zupfen.
• Vom Rotwein 3 Eßlöffel abnehmen und die Speisestärke damit anrühren.
• Den restlichen Rotwein mit dem Zucker und der Zitronenschale aufkochen.

• Die Speisestärke einrühren und alles bei schwacher Hitze 5 Minuten leise kochen lassen. Die Zitronenschale entfernen. Die Beeren in die kochende Flüssigkeit geben, einmal aufkochen lassen und die Grütze in 4 Portionsschälchen verteilen, bis zum Servieren zugedeckt im Kühlschrank aufbewahren.

Das paßt dazu: gut gekühlte Sahne

Variante: Sauerkirschgelee

300 g Sauerkirschen waschen und entsteinen. ¾ Liter trockenen Rotwein mit 60 g Zucker und 1 Stück Limettenschale aufkochen. Die Kirschen zugeben und 10 Minuten bei schwacher Hitze kochen lassen. Die Limettenschale entfernen. Die Kirschen pürieren. 6 Blatt eingeweichte und wieder ausgedrückte Gelatine in dem heißen Püree unter Rühren auflösen. Das Fruchtpüree in eine kalt ausgespülte Form geben und im Kühlschrank erstarren lassen.

Mousse au chocolat

Würdiger Abschluß eines festlichen Mahles

Für 6 Personen brauchen Sie:
4 Eßl. extrastarken Kaffee oder Espresso
2 Tafeln zartbittere Schokolade à 100 g
125 g Butter · 4 Eier · 20 g Zucker · Salz
evtl. ¼ l Sahne

Etwa 1770 Joule/420 Kalorien pro Person
Zubereitungszeit: etwa 40 Minuten

Den Kaffee beziehungsweise den Espresso warm halten. Die Schokolade in Stücke brechen und in eine Kasserolle geben.

• Einen Topf mit heißem Wasser füllen und auf die schwach erhitzte Kochplatte setzen. Die Kasserolle mit der Schokolade in den Topf stellen. Die Schokolade im Wasserbad schmelzen.
• Die Butter ebenfalls bei schwacher Hitze in einem Topf zerlassen.

• Die Eier trennen. Die Eigelb in eine Metall- oder Porzellanschüssel geben. Die Eiweiß in den Kühlschrank stellen. Gut gekühlt lassen sie sich später besser steifschlagen.
• Einen zweiten Topf zur Hälfte mit heißem Wasser füllen und auf der Kochplatte bei mittlerer Hitze heiß halten. Die Schüssel mit den Eigelb über das Wasserbad stellen. Den Kaffee beziehungsweise den Espresso und den Zucker zugeben. Die Eigelb mit dem Schneebesen zu einer dicken, schaumigen Creme aufschlagen. Selbstverständlich können Sie dazu auch die Rührbesen des Handrührgerätes verwenden. Die Creme hat die richtige Konsistenz, wenn sich der Zucker vollkommen gelöst hat und Sie mit dem Schneebesen in der Creme »Straßen« ziehen können. Das Wasserbad muß während des Aufschlagens ständig heiß sein, darf aber niemals kochen, sonst gerinnen die Eigelb.

• Die Butter unter ständigem Schlagen in dünnem Strahl in die Eigelbcreme fließen lassen. Die Butter muß sich vollkommen mit der Creme verbinden und sie samtig-glatt machen.
• Die Schokolade eßlöffelweise unter die Creme rühren. Wenn die Creme dunkelbraun, schwer und dickflüssig ist, die Schüssel aus dem Wasserbad heben.

• Die Schokoladencreme jetzt kaltrühren. Das geht am schnellsten, wenn Sie die Schüssel in kaltes Wasser mit einigen Eiswürfeln stellen.
• Die Eiweiß mit einer Prise Salz zu Schnee schlagen. Der Schnee ist dann steif genug, wenn ein Messerschnitt im Eiweiß sichtbar bleibt. Den Eischnee mit dem Schneebesen unter die Schokoladencreme ziehen. Verwenden Sie dazu nicht das Handrührgerät, denn damit würde die Luft aus dem Eischnee geschlagen; die Creme

ist dann nicht mehr locker und duftig. Die Creme in Portionsschälchen füllen und bis zum Servieren kühl stellen. Ohne das geschlagene Eiweiß ist die Mousse dickflüssig und sämig wie Honig. Sie können sie dann unmittelbar nach dem Kaltrühren, ohne zusätzliche Kühlzeit, servieren.

Variante:
Weiße Mousse au chocolat

2 Tafeln weiße Schokolade (à 100 g) bei ganz schwacher Hitze im Wasserbad schmelzen lassen – das Wasser darf auf keinen Fall kochen. Während die Schokolade schmilzt, 125 g Butter in einer Kasserolle zerlassen, ohne sie zu bräunen. Den weißen Schaum, der sich auf der Butter bildet, mit einem Löffel vorsichtig abschöpfen. Das klare Butterfett in eine andere Kasserolle umgießen. Dabei sollen die weißen Milchrückstände am Boden zurückbleiben. Sie brauchen für die Mousse nur das klare Butterfett. Das Butterfett und die geschmolzene Schokolade warm halten. 4 Eier trennen. Die Eigelb mit 3 Eßlöffeln Amaretto (italienischer Mandellikör) in eine Metall- oder Porzellanschüssel geben und über das Wasserbad setzen. Die Eiweiß in den Kühlschrank stellen. Die Eigelb mit dem Schneebesen oder dem Handrührgerät zu einer schaumigen Creme aufschlagen. Wenn sie die richtige Konsistenz hat, das warme Butterfett in dünnem Strahl einfließen lassen. Dabei ständig schlagen, damit sich Eigelb und Butter zu einer homogenen Masse verbinden können. Die Schokolade eßlöffelweise unter die Creme ziehen. Die Eiweiß mit einer Prise Salz zu steifem Schnee schlagen. Den Eischnee vorsichtig unter die Schokoladencreme heben. Die Mousse in Portionsschälchen füllen. 1 Eßlöffel Mandelblättchen in einer Pfanne ohne Fettzugabe unter Rühren goldbraun rösten. Die Mousse mit den Mandelblättchen bestreuen. ⅛ l Sahne steifschlagen und die Mousse mit Sahnetupfen hübsch verzieren.

»Mousse au chocolat« heißt übersetzt einfach nur »Schokoladenschaum« und ist eine vornehme Untertreibung, die der Köstlichkeit dieses französischen Desserts nicht gerecht wird. Rezepte für die Mousse gibt es eine ganze Reihe; die klassische Version läßt sich nicht mehr feststellen. Manche Köche bereiten sie als wahre Kalorienbombe zu, dunkelbraun und von nougatähnlicher Konsistenz. Andere mögen sie luftiger mit Eischnee und geschlagener Sahne. Trotz ihrer schmelzenden Zartheit ist die Mousse ziemlich üppig; Sie sollten sie deshalb als krönenden Abschluß eines leichten, eleganten Menüs servieren.

Tirami su

Muß mindestens 8 Stunden – besser aber über Nacht – im Kühlschrank durchziehen

Hauptbestandteil dieses üppigen Desserts aus Italien ist der Mascarpone, ein Rahmfrischkäse aus der Lombardei, der zum Glück mittlerweise häufiger bei uns angeboten wird. In jedem Fall aber sollten Sie das Tirami sù mit echtem Espresso zubereiten, denn mit unserem »normalen« Kaffee ist das Ergebnis nur halb so gut.

Für 8 Personen brauchen Sie:
4 Eigelbe · 100 g Zucker
500 g Mascarpone · 32 Löffelbiskuits
3/8 l kalten Espresso
Kakaopulver zum Bestäuben

Etwa 1840 Joule/440 Kalorien pro Person
Zubereitungszeit: etwa 30 Minuten
Kühlzeit: mindestens 8 Stunden

Die Eigelbe sehr schaumig schlagen und dabei nach und nach den Zucker einstreuen. So lange weiterarbeiten, bis der Zucker gelöst und die Masse weißschaumig ist. Nach und nach den Mascarpone zufügen und nun so lange rühren, bis die Masse dickflüssig und cremig ist.

• Die Hälfte der Löffelbiskuits als erste Schicht in eine viereckige Form legen und mit der halben Espressomenge beträufeln. Dazu sollten Sie den Espresso stets nach und nach in sehr geringen Mengen über die Biskuits gießen, so daß er sofort einziehen und die Biskuits gleichmäßig tränken kann. Ganz besonders gleichmäßig läßt sich der Espresso mit einem Pinsel auf den Biskuits verteilen. Der Espresso soll unbedingt kalt sein, sonst weichen die Biskuits zu schnell auf.

• Die Hälfte der Mascarpone-Creme darauf verteilen und die Oberfläche glattstreichen. Auch die kleinen Zwischenräume der Löffelbiskuits sollten dabei mit der Creme ausgefüllt werden.

• Die restlichen Löffelbiskuits auf die Creme legen und wie oben beschrieben mit dem restlichen Espresso tränken. Diesen ebenfalls einziehen lassen, dann die restliche Mascarpone-Creme darauf glatt verstreichen.

• Die Oberfläche dünn mit Kakaopulver bestäuben und das Tirami su für mindestens 8 Stunden, besser aber über Nacht, in den Kühlschrank stellen.

• Unmittelbar vor dem Servieren erneut Kakaopulver über die Oberfläche sieben. Das Tirami su mit einem breiten Messer in 8 gleichgroße Stücke teilen und diese vorsichtig mit einem Tortenheber aus der Form nehmen.

Das paßt dazu: Ein kleiner Espresso und nach Wunsch auch ein italienischer Brandy oder ein gekräuterter Grappa.

Variante: Tirami su mit Alkohol

In einigen italienischen Restaurants aromatisiert man das Tirmai su zusätzlich mit etwas Hochprozentigem. Dazu wird der Espresso mit 3–4 Gläschen Weinbrand vermischt und mit Puderzucker und Mandellikör abgeschmeckt. Die weitere Verarbeitung ist dieselbe wie im ersten Rezept beschrieben.

Zuppa romana

Muß gut durchziehen und gekühlt serviert werden

Wenn Sie in Italien »Zuppa romana« bestellen, versteht Sie nicht unbedingt jeder. Das köstliche Dessert heißt dort nämlich »Zuppa inglese«. Nicht etwa, weil es die Engländer erfunden hätten, sondern weil man die Creme, die der »Zuppa« ihre herrliche Süße und Saftigkeit verleiht, in der Küchensprache »englische Creme« nennt.

Für 8 Personen brauchen Sie:
3 Eier · 175 g Zucker
1 Teel. Vanillezucker · 50 g Speisestärke
70 g Mehl · ½ l Milch
1 Vanilleschote · Salz · 4 Eigelb
150 g kandierte Früchte · 10 Eßl. Ramazotti (italienischer Kräuterlikör)
½ l Sahne, steifgeschlagen

Etwa 2340 Joule/560 Kalorien pro Person
Zubereitungszeit: 1 Stunde
Kühlzcit: 3 Stundon

Den Backofen auf 180° vorheizen.
• Für den Biskuitteig die Eier trennen. Die Eigelb mit 75 g Zucker und dem Vanillinzucker sehr schaumig schlagen.
• Die Eiweiß steifschlagen und auf die Eigelbcreme gleiten lassen.

• Von der Speisestärke 1 Teelöffel abnehmen. Die restliche Speisestärke mit 40 g Mehl mischen, auf den Eischnee geben und vorsichtig unterheben. Den Biskuitteig in einer nur am Boden eingefetteten Springform etwa 20 Minuten backen und erkalten lassen.
• Für die Vanillecreme die Milch mit dem ausgeschabten Mark der Vanilleschote und 1 Prise Salz erhitzen, aber nicht aufkochen.
• Die Eigelb mit 100 g Zucker sehr schaumig schlagen. Das restliche Mehl und den Teelöffel Speisestärke untermischen. Die heiße Milch unter ständigem Schlagen nach und nach zugießen. Unter Rühren erhitzen und aufkochen lassen. Sobald die Creme dick ist, die Schüssel in Eiswasser stellen und die Creme kaltrühren.
• Den Biskuit in Streifen schneiden. Schichtweise eine flache Form mit den Biskuitstreifen, der Vanillecreme und den gewürfelten, kandierten Früchten füllen. Die Biskuitstreifen dabei jeweils mit Ramazotti tränken. Die oberste Schicht sollte Biskuit sein. Die Zuppa romana mit der Sahne überziehen, mit kandierten Früchten garnieren und bis zum Servieren kühl stellen.

Charlotte royale

Ein Dessert, das auch eine Kaffeetafel zieren kann

Für 8 Personen brauchen Sie:
Für den Biskuit:
4 Eigelb · 3 Eßl. kaltes Wasser
80 g Zucker · 1 Päckchen Vanillinzucker
4 Eiweiß · 1 Prise Salz
120 g Mehl · Butter zum Einfetten
Zucker zum Bestreuen
1 Glas Johannisbeergelee (ca. 450 g)
Für die Creme:
6 Blatt weiße Gelatine · 3 Eigelb
100 g Zucker · Saft von 2 Zitronen
¼ l trockenen, kräftigen Weißwein
2–3 Eßl. Armagnac oder Cognac
3 Eiweiß · 1 Prise Salz
1 Becher Sahne (200 g)
1 Päckchen Vanillinzucker

Etwa 2050 Joule/490 Kalorien pro Person
Zubereitungszeit: etwa 1 Stunde
Kühlzeit: etwa 6 Stunden

Den Backofen auf 200° vorheizen.
• Die Eigelb in einer Schüssel mit dem Wasser sehr schaumig schlagen. Dabei nach und nach zwei Drittel des Zuckers und den Vanillinzucker einstreuen. So lange weiterschlagen, bis die Masse weißschaumig und der Zucker gelöst ist.
• Die Eiweiß mit dem Salz schnittfest schlagen und dann, unter weiterem Schlagen, den restlichen Zucker einstreuen.

• Den Eischnee auf die Eigelbcreme gleiten lassen, das Mehl darübersieben und alles sehr locker unterheben.
• Ein Backblech mit Pergamentpapier (oder Backtrennpapier) belegen und dieses am vorderen Rand etwas hochfalzen, damit der Teig beim Backen nicht herunterlaufen kann (Pergamentpapier einfetten).
• Den Teig daraufgeben und mit einem Teigschaber gleichmäßig verteilen. Sofort auf die Mittelschiene des Ofens schieben und in etwa 12 Minuten goldgelb, jedoch nicht zu hart, backen.
• Ein Küchentuch auf die Arbeitsfläche legen und mit Zucker bestreuen.
• Das Johannisbeergelee in einem Topf bei sehr schwacher Hitze glattrühren.
• Die Biskuitplatte auf das Tuch stürzen, das Papier mit kaltem Wasser bestreichen und abziehen.

• Das Gelee sofort auf der Biskuitplatte verstreichen und diese mit Hilfe des Tuches aufrollen. Das geht am besten, wenn Sie den Biskuit an einer Seite etwas über das Gelee legen, dann das Tuch anheben und die Platte sich mit Hilfe des Tuches von allein aufrollen lassen. Die fertige Rolle fest in das Tuch wickeln und abkühlen lassen.
• Für die Creme die Gelatine in kaltem Wasser einweichen.
• Die Eigelb mit etwa zwei Dritteln des Zuckers, dem Zitronensaft und dem Wein schaumig schlagen, bis der Zucker vollkommen gelöst ist.
• Die Gelatine etwas ausdrücken und in einem Töpfchen bei schwacher Hitze unter Rühren auflösen, dann unter weiterem Rühren abkühlen lassen, bis sie dieselbe Temperatur wie die Eiercreme hat.

• Erst dann etwas Eiercreme in die Gelatine rühren und diese Mischung unter kräftigem Schlagen in die restliche Eiercreme gießen. Diese mit Armagnac oder Cognac abschmecken und kühl stellen.
• In der Zwischenzeit die Eiweiß mit einer Prise Salz schnittfest schlagen. Dann nach und nach den restlichen Zucker einrieseln lassen. Die Sahne mit dem Vanillinzucker steifschlagen.
• Eischnee und Sahne auf die Eigelbcreme geben, sobald diese »Straßen zieht«, das heißt sobald die Konturen beim Durchrühren nicht sofort wieder verlaufen. Nun alles locker vermengen. Führen Sie dazu den Schneebesen jeweils von unten durch sämtliche Schichten und lassen Sie sie locker durch die Stäbe fallen. Die fertige Creme nochmals für kurze Zeit in den Kühlschrank stellen.

• Die Biskuitrolle in gut ½–1 cm dicke Scheiben schneiden und eine glatte, runde Schüssel damit auskleiden. Die übrigbleibenden Scheiben zum Kaffee servieren.

• Die nun wieder zu gelieren beginnende Creme in die ausgekleidete Schüssel füllen und die Charlotte royale für 4–5 Stunden in den Kühlschrank stellen. Vor dem Servieren auf eine Platte stürzen und wie eine Torte anschneiden.

Die klassische Küche kennt eine ganze Reihe von Charlotten, warme und kalte, einfache und aufwendige. Doch diese, die »königliche«, wie sie in der Übersetzung heißt, ist sicherlich auch die feinste von allen. Ebenfalls sehr bekannt und beliebt, doch weniger zeitaufwendig, ist die »Charlotte russe« deren »Mantel« aus Löffelbiskuits besteht. Sie wird mit Bayerischer Creme (Seite 104/105) gefüllt, schmeckt aber auch mit der hier beschriebenen Füllung ganz ausgezeichnet. Einige der Charlotten haben Creme-Frucht-Füllungen, bei anderen legt man die Form mit Waffeln, ungefüllten Biskuitstreifen oder auch mit Weißbrotscheiben aus.

Menüfolgen

Jedes gute Menü muß genau geplant werden, was Ihnen mit den ausführlichen Rezeptbeschreibungen, den Arbeitsfotos und den detaillierten Zeitangaben dieses Buches gewiß sehr leicht fallen wird.
Zum Schweinebraten paßt beispielsweise vorweg auch eine klare Brühe (zubereitet nach dem Rezept von Seite 10) mit rohem Eigelb und frischen Kräutern, mit in Streifen geschnittenen Eierkuchen (das Rezept dazu finden Sie auf Seite 83) oder mit Leberspätzle (Seite 96) sehr gut. Zur gefüllten Poularde schmecken als Vorspeise auch frische Feigen mit Bündner Fleisch oder Honigmelone mit mildem rohen Schinken.
Apropos Vorspeisen: Da gibt es 1001 und mehr Möglichkeiten. Schauen Sie sich um nach dem, was gerade frisch angeboten wird. Mit Fantasie und wenig Zeitaufwand können Sie daraus oft den kulinarischen Einstieg zu einem köstlichen Menü zaubern. Einige Beispiele: Ein paar Stangen frischer Spargel mit Sauce Béarnaise (Rezept Seite 42), verschiedene rohe Gemüse oder gekochte Artischocken, gedipt in selbstgerührter Kräutermayonnaise (das Rezept für Mayonnaise steht auf Seite 98), Löwenzahn in würziger Vinaigrette mit knusprigen Speckwürfeln, auch Avocadohälften, bestreut mit schwarzem Pfeffer und beträufelt mit trockenem Sherry oder Portwein schmecken hervorragend.
Ebenso können Sie im Handumdrehen wunderbare Desserts auf den Tisch bringen: Eis mit Sahne und Obst, mit heißen Früchten, mit heißer Schokolade, mit Baisers, Makronen oder zarten Waffeln, mit Weinschaumsauce oder einfach nur pur, aromatisiert mit Likör oder Obstbranntweinen. Wenn Sie etwas mehr Zeit haben, backen Sie hauchdünne Crêpes (nach unserem Eierkuchenrezept auf Seite 83), die Sie mit Konfitüre oder einer duftigen Quarkcreme füllen. Köstlich schmeckt auch ein Salat aus allen Früchten, die der Markt gerade bietet: Mischen Sie heimische Früchte wie Erdbeeren, Himbeeren, Brombeeren, vollreife Birnen, Pfirsiche und Pflaumen oder Weintrauben, oder etwas exotischer, Mangos, Kiwis, Papayas mit frischen Datteln und Feigen, Ananas und Bananen. Darüber streuen Sie noch ein paar gehackte Nüsse, Mandeln oder Pistazien und aromatisieren alles mit etwas weißem Rum, Cognac, Orangen- oder Mandellikör.

Wenn Sie mit Freunden oder Ihrer Familie gerne Urlaubserinnerungen aus Italien auffrischen wollen.

Gemüse auf italienische Art (Rezept Seite 20)
Saltimbocca alla romana (Rezept Seite 76)
Zuppa romana (Rezept Seite 113)

Vorspeise und Dessert dieses unkomplizierten Essens lassen sich vorbereiten. Für das Hauptgericht brauchen Sie so wenig Zeit, daß Sie sich ganz ohne Nervosität Ihren Gästen widmen können.

Für alle, die ungewöhnliche Kombinationen lieben, haben wir hier mehrere Spezialitäten zusammengestellt.

Tomatencreme (Rezept Seite 13)
Lammpilaw (Rezept Seite 78)
Tirami su (Rezept Seite 112)

Außerhalb der Tomatensaison verwenden Sie für die Suppe einfach Dosentomaten. Das Tirami su stellen Sie schon am Vortag fertig und lassen es im Kühlschrank gut durchziehen.

Ein unkompliziertes Essen, mit dem Sie auch Leute mit großem Appetit bestimmt zufrieden stellen können.

Gefüllte Paprikaschoten (Rezept Seite 84)
Tirami su (Rezept, Seite 112)

Für das Hauptgericht sollten Sie sich etwas Zeit nehmen, das Dessert können Sie vorbereiten.

Ein Menü, mit dem auch weniger geübte Köche einen Riesenerfolg erzielen können. Einzige Voraussetzung: Kaufen Sie knackig frischen Spinat und junges, frisches Geflügel (Freigehege).

Spinat mit Pinienkernen (Rezept Seite 24)
Gefüllte Poularde (Rezept Seite 58)
Crème brûlée (Rezept Seite 107)

Die Crème brûlée bereiten Sie schon am Vortag zu. Zum Servieren brauchen Sie sie dann nur noch mit Zucker zu bestreuen und unter den Grill zu schieben.

Das folgende Menü gelingt auch ungeübten Köchen und Köchinnen, die ihre Gäste mit etwas Besonderem überraschen wollen.

Überbackener Spinat (Rezept Seite 24)
Tournedos in Morchelsahne (Rezept Seite 40)
Mousse au chocolat (Rezept Seite 110)

Das Dessert können Sie schon vor dem Essen fertigstellen.

Leicht und sommerlich ist das folgende Menü. Genießen Sie es mit Feinschmeckern, die einfache und dennoch raffinierte Gerichte schätzen.

Tomatencreme (Rezept Seite 13)
Marinierte Lammkoteletts (Rezept Seite 56)
Kartoffel-Lauch-Gratin (Rezept Seite 94)
Tirami su (Rezept Seite 112)

Das Dessert müssen Sie unbedingt am Vortag zubereiten, damit es wirklich gut durchziehen kann. Die Grundlage für die Suppe, das Gemüsepüree, können Sie ebenfalls schon einen Tag vorher kochen. Den Gratin schieben Sie in den Ofen, wenn der Aperitif serviert ist, dann bleibt Ihnen genug Zeit, die Lammkoteletts zu braten. Auf diese Weise durchgeplant, eignet sich das Menü auch gut für eine offizielle Einladung, denn Sie können sich trotz der Arbeit in der Küche mit Ihren Gästen unterhalten.

Preiswerte Kost für kalte Wintertage, dabei doch so fein, daß Sie ohne weiteres Gäste dazu einladen können.

Pichelsteiner Fleisch (Rezept Seite 14)
Feiner Nußpudding (Rezept Seite 108)

Garen Sie Hauptgericht und Dessert ruhig gleichzeitig, denn der Pudding schmeckt auch lauwarm oder kalt und Sie sparen damit Zeit und Energie.

Der ländlichen, französischen Küche nachempfunden ist dieses Menü, das Sie auch dann mühelos bewältigen, wenn Sie beim Kochen noch nicht so erfahren sind.

Salade niçoise (Rezept, Seite 18)
Coq au vin (Rezept, Seite 60) mit Stangenweißbrot
Obstsalat oder frische Früchte

Die Vorspeise servieren Sie, wenn das Hähnchen die letzten 15 Minuten schmurgelt. Das Dessert können Sie vorbereiten.

Ein herbstliches Festessen für Gourmets, dessen Zubereitung allerdings etwas Routine verlangt.

Gebratene Austernpilze, halbe Menge (Rezept Seite 90)
Hasenschmortopf mit Backpflaumen (Rezept Seite 66)
Spätzle (Rezept Seite 96) oder Weißbrot
Feiner Nußpudding (Rezept Seite 108)

Am besten entwickeln Sie anhand der Rezepte einen genauen Zeitplan für dieses Menü. Erledigen Sie zuerst alle vorzubereitenden Arbeiten für das Hauptgericht und das Dessert. Während der Pudding darin gart, schmoren Sie das Fleisch.

Ein sommerliches Festmenü, das sich für besondere Anlässe eignet. Es ist etwas teurer, aber dafür können Sie sicher sein, daß Sie auch bei echten Feinschmekkern Ehre damit einlegen.

Auberginen mit Joghurtcreme (Rezept Seite 25)
Gebratene Lammkeule (Rezept Seite 54)
Bohnengemüse mit Speck (Rezept Seite 86)
Schweizer Rösti (Rezept Seite 102) in kleinen Portionen gebraten
Rote Grütze (Rezept Seite 109)

Bis auf die Rote Grütze können Sie keinen Gang vorbereiten. Die Lammkeule kommt in den Ofen, wenn Sie die Vorspeise servieren. Während die Keule dann nach dem Braten ruht, braten Sie die Rösti.

An Weihnachten oder anderen hohen Festtagen gibt man für ein köstliches Menü auch gerne mal etwas mehr Geld aus. Allerdings brauchen Sie auch etwas mehr Zeit für diese aufwendige Speisenfolge, doch die Mühe lohnt sich.

Markklößchensuppe (Rezept Seite 10)
Rehrücken rosa gebraten (Rezept Seite 64)
Spätzle (Rezept Seite 96) und Rosenkohl
Charlotte royale (Rezept Seite 114)

Den Fond für die Sauce kochen Sie schon einige Tage vorher (er läßt sich einfrieren), ebenso die Brühe für die Suppe.

Ein festliches Menü für schöne Sommertage, mit dem Sie auch eine größere Tischrunde problemlos bewirten können.

Griechischer Bauernsalat (Rezept Seite 18)
Roastbeef mit Sauce béarnaise (Rezept Seite 42), dazu Folienkartoffeln oder Stangenweißbrot
Bayerische Creme (Rezept Seite 104)

Den Bauernsalat servieren Sie, wenn das fertig gebratene Roastbeef in Folie gewikkelt ruht. Das Dessert läßt sich vorbereiten.

Feines aus der fernöstlichen Küche, kombiniert mit einem klassischen französischen Dessert, bieten Sie Ihren Gästen mit folgendem Menü.

Süßsaures Schweinefleisch (Rezept Seite 80) mit Reis
Crème brûlée (Rezept Seite 107)

Obwohl Sie das Hauptgericht unbedingt à la minute zubereiten müssen, werden Sie die Ruhe behalten, denn der Reis läßt sich im Backofen warm halten und das Dessert heben Sie im Kühlschrank auf, bis Sie es nach dem Hauptgang fertigstellen.

Servieren Sie dieses Menü, für das Sie schon ein wenig Übung haben sollten, zu kleineren, festlichen Anlässen oder mal einfach nur sonntags, wenn Sie Ihre Familie besonders verwöhnen wollen.

Spinat mit Pinienkernen (Rezept Seite 24)
Schweinefilet im Blätterteig (Rezept Seite 32)
Bayerische Creme (Rezept Seite 104)

Das Dessert können Sie vorbereiten und das vorbereitete Schweinefilet läßt sich, fertig im Teig verpackt, etwa zwei Stunden im Kühlschrank aufbewahren. Der Blätterteig wird dann besonders locker.

Ein köstlich-leichtes Essen, das am besten im Sommer schmeckt, wenn Gemüse und Obst wirklich frisch und vollreif sind.

Salade niçoise (Rezept Seite 18)
Fisch in Folie (Rezept Seite 29)
Stangenweißbrot
Rote Grütze (Rezept Seite 109)

Sobald Sie sich mit Ihren Gästen zu Tisch setzen, ist auch die Küchenarbeit erledigt: Während der Salat mariniert, bereiten Sie den Fisch vor und schieben ihn in den Ofen. Sie brauchen ihn dann nur noch anzurichten. Die Rote Grütze haben Sie schon einige Stunden vor dem Servieren fertiggestellt.

Wenn das Haushaltsgeld knapp wird, ist dieses Essen genau das richtige. Trotzdem werden alle Feinschmecker begeistert sein.

Tomatencreme (Rezept Seite 13)
Frikadellen (Rezept Seite 52)
Kartoffelsalat mit Mayonnaise (Rezept Seite 98)
Rote Grütze (Rezept Seite 109)

Die Rote Grütze können Sie auch mit tiefgefrorenen Beeren zubereiten.

Eine edle Speisenfolge, die dem Koch oder der Köchin keinerlei Probleme macht. Bewirten Sie mit diesem Menü liebe Freunde oder auch hohen Besuch.

Gemüse auf italienische Art (Rezept, Seite 20)
Bœuf Stroganow (Rezept, Seite 48), dazu Reis oder Spätzle (Rezept, Seite 96)
Mousse au chocolat (Rezept, Seite 110)

Vorspeise und Dessert lassen sich vorbereiten. Wenn Sie Spätzle als Beilage zum Hauptgericht servieren, sollten Sie diese auf alle Fälle vor dem Fleisch garen, in etwas Butter schwenken und im Ofen heiß halten.

Klassisch, edel und dennoch für alle diejenigen geeignet, die deftige Kost schätzen, ist das folgende Menü. Servieren Sie es zu Anlässen, bei denen Sie viele Personen bewirten müssen.

Markklößchensuppe (Rezept Seite 10)
Tafelspitz mit Schnittlauchsauce (Rezept Seite 46)
Bratkartoffeln aus rohen Kartoffeln (Rezept Seite 103)
Grießflammeri (Rezept Seite 106)

Für die Markklößchensuppe verwenden Sie die Brühe vom Tafelspitz. Beachten Sie die lange Garzeit des Fleisches und bereiten Sie den Grießflammeri schon am Vortag zu, damit er sich stürzen läßt.

Wer es gerne deftig mag, wird mit diesem Essen rundum zufrieden sein. Diese Gerichte sind so sättigend, daß wir auf eine Vorspeise verzichtet haben.

Gulasch halb und halb (Rezept Seite 36)
Spätzle (Rezept Seite 96)
Grießflammeri (Rezept Seite 106)

Bis auf die Beilage können Sie alles vorbereiten: Das Gulasch läßt sich nämlich ausgezeichnet einfrieren. Den Grießflammeri sollten Sie schon am Vortag kochen.

Ein preiswertes Sonntagsessen, mit dem Sie auch Feinschmecker locken können, denn die Austernpilze setzen einen besonderen Akzent.

Kartoffelsuppe mit Speck, halbe Menge (Rezept Seite 12)
Gefüllter Hackbraten (Rezept Seite 53)
Gebratene Austernpilze (Rezept Seite 90) und Salzkartoffeln
Frische Früchte

Für Leute, die es gerne deftig mögen und mal mit echter Hausmannskost schlemmen wollen, ist dieses genau das Richtige.

Markklößchensuppe (Rezept Seite 10)
Schweinebraten mit Kruste (Rezept Seite 30)
Rohe Kartoffelklöße (Rezept Seite 101) und Rotkraut
Rote Grütze (Rezept Seite 109)

Die Brühe können Sie vorab kochen, die Markklößchen lassen sich ebenfalls vorbereiten und einfrieren. Wenn Sie nur wenig Zeit haben, verwenden Sie fertigen Kartoffelteig, den die Nahrungsmittelindustrie in hochwertiger Qualität anbietet. Das Dessert sollten Sie rechtzeitig fertigstellen, damit Sie es eiskalt servieren können.

Rezept- und Sachregister

Das Farbfoto auf der Einband-Vorderseite zeigt eine Lasagne verdi al forno, das Rezept dafür finden Sie auf Seite 72.

Fachliche Beratung und Leitung der Versuchsküche im Studio Fischer: Karl Newedel.

Autoren und Verlag bedanken sich für die freundliche Unterstützung bei:
Bulthaup GmbH und Co, 8318 Aich;
Novatechnik Kurt H. Schwartz, 2000 Hamburg 15;
Förderungsgesellschaft der Reformwarenwirtschaft mbH, 6380 Bad Homburg v. d. H. 1;
Schneider Import, 6530 Bingen/Rhein

CIP-Kurztitelaufnahme der Deutschen Bibliothek

Fischer, C. P.
Fantastisch kochen – leicht gemacht: d. Super-Bildkochbuch; jedes Rezept in Farbe – Schritt für Schritt / C. P. Fischer; M. Piepenbrock; B. Rias-Bucher. – München: Gräfe und Unzer, 1984.

ISBN 3-7742-2029-8

NE: Piepenbrock, Mechthild:; Rias-Bucher, Barbara:

1. Auflage 1984

Redaktion: Nina Andres
Umschlaggestaltung: Heinz Kraxenberger
Reproduktionen: SKU Reproduktionen GmbH
Satz und Druck: Georg Appl
Bindung: Conzella Verlagsbuchbinderei Urban Meister

ISBN 3-7742-2029-8

C. P. Fischer
Food-Fotograf mit eigener Versuchsküche, fotografierte sämtliche Bilder exklusiv für dieses Buch. Zu seinen Kunden gehören internationale Werbeagenturen und die Lebensmittelindustrie. Viele seiner Bücher wurden von der Gastronomischen Akademie Deutschlands preisgekrönt.

Mechthild Piepenbrock
ist Ernährungswissenschaftlerin mit langer Redaktionserfahrung und seit einigen Jahren selbständige Food-Journalistin und Kochbuchautorin. Ihre Bücher wurden ebenfalls mehrfach von der Gastronomischen Akademie ausgezeichnet.

Barbara Rias-Bucher,
gebürtige Müncherin, wurde nach dem Studium zunächst freie Mitarbeiterin, später Redakteurin für Kochbücher bei einem Münchner Verlag. Sie schrieb selbst eine Reihe von Kochbüchern, denn das Thema Kochen hat sie schon von Jugend an beschäftigt, so daß der Weg vom Hobby zum Beruf nahelag. Seit 1979 arbeitet sie als freie Journalistin auf dem Ernährungssektor.